Norbert Elias zur Einführung

AF567839

Volker Eichener / Ralf Baumgart

Norbert Elias zur Einführung

JUNIUS

Junius Verlag GmbH
Stresemannstraße 375
22761 Hamburg
www.junius-verlag.de

© 1991 by Junius Verlag GmbH
Alle Rechte vorbehalten
Umschlaggestaltung: Florian Zietz
Titelfoto: Isolde Ohlbaum
Satz: Junius Verlag GmbH
Printed in the EU 2013
ISBN 978-3-88506-070-3
3., vollständig überarb. Aufl. 2013

Bibliografische Information der Deutschen Nationalbibliothek
Die Deutsche Nationalbibliothek verzeichnet diese Publikation in der Deutschen Nationalbibliografie; detaillierte bibliografische Daten sind im Internet über http://dnb.d-nb.de abrufbar.

Inhalt

Anhang

1. Norbert Elias – ein Menschenwissenschaftler

Die Beiträge von Norbert Elias zu den Menschenwissenschaften

Norbert Elias nannte sich selber einen »Menschenwissenschaftler«. In dieser, von Elias selber geprägten Bezeichnung[1] liegt eine doppelte Signifikanz.

Erstens drückt der gelernte Philosoph, der sich der Soziologie zuwandte, um sogleich auch noch historisch, kulturanthropologisch, psychologisch, politikwissenschaftlich und sogar wirtschaftswissenschaftlich zu arbeiten, damit aus, dass die Sichtfelder der menschenwissenschaftlichen Einzeldisziplinen der Komplexität ihres Gegenstands nicht gerecht werden. Gegenstand all dieser akademischen Disziplinen sind nach Elias' Auffassung vielmehr die Verflechtungen oder, um einen weiteren Elias'schen Schlüsselbegriff zu verwenden, die *Figurationen*, die die Menschen miteinander bilden (mehr dazu in Kap. 5). Elias reicht für die Analyse dieser Figurationen ein *inter*disziplinäres Kooperieren der Einzelwissenschaften nicht aus; er hält ein *trans*disziplinäres Vorgehen für erforderlich, weil Persönlichkeit, Gesellschaft, Wirtschaft, Staat und Kultur so interdependent sind, dass nur eine Theorie, die diese Interdependenzen im Fokus hat, die Entwicklung der Menschheit adäquat erklären kann.

Zweitens kommt im Begriff der »Menschenwissenschaften« zum Ausdruck, dass sich wissenschaftliche Analysen tatsächlich auf

Menschen zu beziehen haben. Dabei legt Elias auf den Plural wert, da Menschen »nur als Pluralitäten, nur in Figurationen« vorkommen (PdZ I, LXVII). Diese Forderung ist alles andere als trivial. Zahlreiche Gesellschaftswissenschaftler widmen sich nicht den Menschen, sondern operieren mit *Modellen*, seien sie individualistischer oder strukturalistischer (kollektivistischer) Provenienz.

Insbesondere die zwischenzeitlich außerordentlich beliebten Systemtheorien abstrahieren weitgehend vom Menschen und interpretieren, einer alten Forderung von Émile Durkheim folgend, Soziales nur durch Soziales zu erklären,[2] gesellschaftliche Entwicklungen als Resultat des Zusammenwirkens struktureller Variablen auf der Makroebene emergenter Systemphänomene. Die idealistische Geschichtsphilosophie, namentlich Kants und Hegels, hatte die Geschichte als Realisierung von Ideen aufgefasst, die zwar »durch die Köpfe« von Menschen gehen, welche aber als bloße Werkzeuge historischer Wirkmächte (»Vernunft«, »Weltgeist«, »Natur«) angesehen wurden. In ähnlicher Weise hatten Karl Marx und Friedrich Engels quasi naturgesetzliche Bewegungsgesetze der Gesellschaft – »in letzter Instanz [...] Produktivkräfte und Austauschverhältnisse« – postuliert, die die Geschichte vorantreiben, wobei einzelne Menschen lediglich als intervenierende Variablen angesehen werden.[3]

Selbst die individualistischen Theorien, die Wirtschaft und Gesellschaft aus dem individuellen Handeln erklären wollen, abstrahieren vom realen Menschen und ersetzen ihn durch Modellfiguren. Beispielsweise hatte Max Weber gefordert, dass die Soziologie »Idealtypen« zu konstruieren habe, die zweckrationales Handeln aller Akteure unterstellen und damit bewusst von realem menschlichen Verhalten abweichen sollen.[4] In der Wirtschaftswissenschaft wird immer noch viel – ausgerechnet bei der Analyse wirtschaftsethischer Probleme sogar zunehmend[5] – mit der Kunstfigur des *homo oeconomicus* gearbeitet, die über die *rational-choice*-Theorie und die Spieltheorie in modifizierter Form auch in der Politikwissenschaft und in der Soziologie weite Verbreitung gefunden hat. Als Alternative zum *homo oeconomicus* hat Ralf Dahrendorf sogar einen *homo sociologicus* konstruiert, d.h. eine weitere Kunstfigur, die willenlos soziale Rollen spielt.[6]

Norbert Elias hielt solche Modellabstraktionen nicht für zielführend. Er stellte die Menschen in den Mittelpunkt seines Forschungsprogramms und erklärte die Geschichte der Menschheit aus der Verflechtung des Handelns realer Menschen und erklärte auch, wie und warum sich die Menschen selber im Verlauf des langfristigen Entwicklungsprozesses der menschlichen Gesellschaft verändern.

Dass sich die psychische Konstitution der Menschen im Laufe der gesellschaftlichen Entwicklung verändert und damit auch die Art und Weise, wie sie ihr Verhalten regulieren, war vielleicht die revolutionärste Erkenntnis der Elias'schen Zivilisationstheorie – relativiert sie doch das Idealbild des rational handelnden *homo sapiens* (sic!), das in unserer Gegenwartsgesellschaft so sehr geschätzt wird, dass ganze Wissenschaftszweige der Gefahr erlegen sind, ihre Analysen auf eine Fiktion zu gründen, die nicht nur ahistorisch, sondern auch noch ethnozentrisch ist.

Aus seiner menschenwissenschaftlichen Perspektive heraus gewann Norbert Elias eine Reihe von Erkenntnissen, die die theoretische Diskussion wie auch die empirische Forschung in der Soziologie, der Philosophie, der Geschichtswissenschaft, der Kulturanthropologie, der Psychologie, der Politikwissenschaft und in den Kulturwissenschaften mit innovativen, z.T. auch revolutionären Ideen befruchtet haben.

Erstens hat Elias eine theoretisch schlüssige und empirisch begründete Erklärung der Entwicklung der menschlichen Gesellschaft vorgelegt, die alle teleologischen Geschichtsphilosophien, seien sie idealistischer oder materialistischer Provenienz, ebenso überwindet wie die individualistische Geschichtsauffassung, die Geschichte als zufallsabhängiges Ergebnis des Handelns einzelner Personen (i.d.R. Potentaten) begreift. Für Elias ist die Geschichte ein im Ganzen ungeplanter, aber dennoch strukturierter Prozess, der sich aus der Verflechtung individueller Handlungen ergibt, die zielgerichtet oder planlos, rational oder irrational sein mögen. Die Strukturen, die sich aus spezifischen Verflechtungsfiguren ergeben, können den Charakter von Trends, Eskalationen, Oszillationen, Zyklen, Sprüngen, Revolutionen, Fortschritt oder Niedergang aufweisen, je nach Art der jeweiligen Figuration. Aus den Spielräumen, die die Verflechtungsfiguren den Individuen gewähren, ist abzuleiten, dass es keinen historischen, soziologischen, ökonomischen oder sonstwie gearteten Determinismus geben kann, sondern nur Prozesse, die einer Wahrscheinlichkeitslogik unterworfen und deshalb aus der Sache heraus (und nicht etwa wegen unzureichender methodischer Werkzeuge oder wegen mangelnder Daten) nur begrenzt prognostizierbar sind.

Zweitens hat Elias mit seinem Modell der Verflechtungsfiguren oder Figurationen den Dualismus von individualistischen und kollektivistischen Sozialtheorien[7] überwunden, der die Sozialwissenschaften in einen lähmenden Theoriestreit geführt hatte. Mit seinem Konzept der Figuration hat Elias den *missing link* geliefert, der die Brücke schlägt zwischen der Mikroebene des individuellen Handelns und der Makroebene gesellschaftlicher Strukturen.

Drittens hat Elias demonstriert, dass die Persönlichkeitsstruktur des Menschen keine anthropologische Konstante ist, sondern das Produkt von Konditionierungs- und Sozialisierungsprozessen, die von den jeweiligen gesellschaftlichen Bedingungen abhängen. Die Art, wie Menschen denken und fühlen, was ihnen wichtig ist und die Art, wie sie ihr Verhalten und ihr Handeln steuern, insbesondere der von vielen anderen Theoriemodellen *a priori* gesetzte Grad der Rationalität, verändern sich im Zuge der gesellschaftlichen Entwicklung und unterscheiden sich zwischen den Menschen in verschiedenen Epochen, aus unterschiedlichen Kulturen bzw. Zivilisationen sowie aus verschiedenen sozialen Schichten.

Was Max Weber noch als einer wissenschaftlichen Analyse unzugänglich erachtet hatte, nämlich die Affektualität menschlichen Verhaltens, machte Elias zum Explanandum, indem er anhand empirischer kulturhistorischer Untersuchungen zeigt, wie und warum affektuelles Handeln im Verlauf des europäischen Staatsbildungsprozesses zunehmend rationalerem Handeln gewichen ist. Elias prägte für die Wandlungen der menschlichen Persönlichkeitsstrukturen den Begriff der *Psychogenese.*

Viertens hat Elias mit seinen Erkenntnissen zur Psychogenese gezeigt, dass alle Theorien und Modelle, die rationales Handeln zugrunde legen (auch wenn sie sich, wie bei Max Weber, der Realitätsferne dieser Prämisse bewusst sind), nicht nur unangemessen, sondern irreführend sind, weil sie ahistorisch sind, indem sie die Dynamik der Persönlichkeitsentwicklung und die diachronisch wie synchronisch beobachtbaren Differenzen in der Art der Verhaltensregulierung und Handlungssteuerung ignorieren. Überhaupt werden mit dem Nachweis der Psychogenese jegliche Ontologien, Menschenbilder und sozialphilosphischen Modellabstraktionen (der Mensch »im Urzustand«, als »Monade« oder als »homo clausus«, als »animal rationale«, als »zoon politikon«) obsolet.

Fünftens hat Elias die *Interdependenz* von *Psychogenese*, der Entwicklung der Persönlichkeitsstrukturen, und *Soziogenese*, der Entwicklung gesellschaftlicher Strukturen, aufgezeigt. Beide Prozessstränge bedingen sich wechselseitig – die Herausbildung des modernen Nationalstaats hätte ohne die Regulierung der Triebe und Affekte nicht erfolgen können, genauso wenig wie die Selbstkontrolle der Aggressivität ohne die Etablierung eines staatlichen

Gewaltmonopols möglich gewesen wäre. Bereits Max Weber hatte gezeigt, dass die Herausbildung der kapitalistischen Ökonomie nicht ohne die Selbstregulierung des Kaufmanns- und Arbeitnehmerverhaltens, die er als »protestantische Ethik« bezeichnet hatte, möglich gewesen wäre.[8] Mikro- und Makroebene sind untrennbar und müssen im Rahmen einer ganzheitlichen menschenwissenschaftlichen Perspektive stets simultan analysiert werden.

Sechstens folgt daraus, dass kulturelle Faktoren und kulturelle Differenzen von großer gesellschaftlicher Bedeutung sind. Salopp und neudeutsch gesagt: »culture matters«. Am Beispiel der Differenzen zwischen den Verhaltensformen zwischen Ober- und Unterschichten hat Elias (und in seinem Gefolge Pierre Bourdieu[9]) gezeigt, dass kulturelle Unterschiede auch Machtunterschiede begründen und sogar zu verhärteten Fronten in Figurationen von Etablierten und Außenseitern führen können. Wie fruchtbar die Elias'sche Erkenntnis, dass Kultur- und Verhaltensdifferenzen soziale und politische Konflikte auslösen können, für die Analyse von Gegenwartsgesellschaften sein kann, zeigt sich beispielsweise bei Migrations- und Integrationsprozessen[10] oder auch bei internationalen Beziehungen und Konflikten[11] wie etwa dem »clash of civilizations« zwischen westlicher Kultur und islamistischen Bewegungen.[12]

Siebtens lässt sich aus Elias' Studien lernen, dass menschenwissenschaftliche Analysen stets in den Kontext langfristiger Prozesse zu stellen sind. Diese methodologische Forderung resultiert nicht nur aus der Erkenntnis, dass fixe Größen variabel werden, wenn man den zeitlichen Horizont ausweitet, sondern stellt auch einen Akt der Selbstdistanzierung des Forschers/der Forscherin von seinem/ihrem Gegenstand dar; denn Wissenschaftler/innen analysieren in der Regel Figurationen, denen sie selber angehören, und neigen deshalb dazu, Phänomene als selbstverständlich hinzunehmen, die in Wirklichkeit gar nicht selbstverständlich sind, sondern sich zu anderen Zeiten oder in anderen Gesellschaften ganz anders darstellen. Die von Elias analysierte Zeit- und Kulturgebundenheit wissenschaftlicher Erkenntnis ist es, was den sozialen Konsensen des Wissenschaftsbetriebs zugrunde liegt, die Thomas Kuhn als »Paradigmen« bezeichnet hat.[13]

Achtens schließlich ist von der Zivilisationstheorie zu lernen, dass es keine zeitlos geltenden Universalien geben kann – auch nicht in der Wissenschaft. Unsere Vorstellungen von der Freiheit des Individuums, die der Ideologie des Liberalismus zugrunde liegen, sind nach Elias nicht mehr als die vorherrschende Denkrichtung in einer bestimmten Ära innerhalb des Jahrtausende währenden gesellschaftlichen Entwicklungsprozesses, ebenso wie die Logik, die ebenfalls keine universale Gültigkeit beanspruchen kann, sondern – als individueller Denkstil – psychogenetisch und – als wissenschaftstheoretisches Axiom – soziogenetisch und damit wandelbar ist.

Das scheinbar Selbstverständliche infrage zu stellen, von der banalsten Alltagshandlung bis hin zum wissenschaftstheoretischen Axiom, und die Bedingungen und Prozesse seiner langfristigen Genese zu untersuchen – das ist vielleicht der wichtigste Beitrag von Norbert Elias zu den Menschenwissenschaften.

Leben und Werk

Norbert Elias war einer der großen Universalisten des 20. Jahrhunderts, der sich in seinem Lebenswerk den künstlichen Grenzziehungen und Zwängen der einzelnen Spezial- und Bindestrichdisziplinen widersetzt hat. In seinen zahlreichen Studien und Abhandlungen hat sich Elias auf allen Ebenen des wissenschaftlichen Forschungsprozesses, der Empirie, Theorie, Metatheorie und Methodologie, mit unterschiedlichen Aspekten des menschlichen

Entwicklungsprozesses auseinandergesetzt. Seinem Lebenswerk liegt die selbstgestellte Aufgabe zugrunde, eine umfassende transdisziplinäre Zentraltheorie der »Menschenwissenschaften« zu entwerfen.

Während, wie Elias hervorhebt, »selbst als Forschungsziel [...] die Vorstellung eines integrierenden theoretischen Rahmenwerks, das die Probleme und Forschungsresultate der spezialisierten Menschenwissenschaften zusammenfaßt und vereinheitlicht, in immer weitere Ferne« rücke, weil sie vielen als »unerreichbar, anderen nicht einmal als wünschenswert« erscheine (EuD, 27), arbeitete Elias in seinem Lebenswerk unbeirrbar an »einer umfassenden Theorie der menschlichen Gesellschaft, genauer gesagt der Menschheitsentwicklung« (NzL, 59). Diese universale Theorie versteht Elias zum einen als integrierenden Bezugsrahmen für die unterschiedlichen Disziplinen der Menschenwissenschaften und zum anderen als ein Synthesemodell ihrer spezifischen Fachkenntnisse. Ohne umfassende empirisch-theoretische Erkenntnisse der verschiedenen menschenwissenschaftlichen Disziplinen wie der Geschichte, Psychologie, Psychoanalyse, Ethnologie, Anthropologie, Politikwissenschaft, Ökonomie und Soziologie hätte Elias' epochales Werk *Über den Prozeß der Zivilisation* (PdZ) wohl kaum entstehen können. Im Vorwort (1936) zu *Über den Prozeß der Zivilisation* spricht Elias zwar noch vorsichtig davon, »daß es des Nachdenkens vieler Menschen bedürfe und der Kooperation verschiedener Wissenschaftszweige, die heute oft durch künstliche Schranken getrennt sind, um die Fragen, die im Laufe der Untersuchung auftauchen, nach und nach zu beantworten« (PdZ 1, LXXXIV f.). Gleichwohl hat er in seinem Hauptwerk viele Problemstellungen eines Konzepts der Menschenwissenschaften benannt und den ersten Entwurf einer Synthese formuliert.

Die Zivilisations- und Staatsbildungstheorie, mit der Elias einem breiteren Publikum bekannt wurde, stellt somit nur ein, wenn auch zentrales Element seines Lebenswerks dar. In der autobiografischen Schrift *Notizen zum Lebenslauf* (1984) unterscheidet Elias rückblickend drei Teilbereiche seiner Forschungsarbeiten (vgl. NzL, 62):

1. die Zivilisations- und Staatsbildungstheorie (Kap. 3, 4)
2. die Prozess- und Figurationstheorie (Kap. 5, 6)
3. die Symboltheorie des Wissens und der Wissenschaften (Kap. 7)

Die Zivilisations- und Staatsbildungstheorie versteht Elias als seinen Beitrag zu einer umfassenderen Theorie der Menschenwissenschaften. Ergänzend hierzu entwickelte er eine empirisch überprüfbare Metatheorie der charakteristischen Strukturen der sozialen Wirklichkeit, die Prozess- und Figurationstheorie. Sie soll die Realitätsadäquatheit seiner begrifflichen Instrumentarien und theoretischen Modelle überprüfen. Die wissenssoziologischen Studien wiederum sind zum einen der Zivilisationstheorie zuzuordnen, zum anderen bilden sie den Rahmen für Elias' methodologische Reflexionen und Untersuchungen zu einem integrativen menschenwissenschaftlichen Konzept.

Diese verschiedenen Forschungsbereiche sind in Elias' Schriften untrennbar miteinander verbunden, so dass eine Unterteilung seines Œuvres in einzelne Werkphasen nur bedingt möglich ist. Dies hängt auch mit Elias' Lebens- und Rezeptionsgeschichte zusammen, die durch die nationalsozialistische Herrschaft gebrochen wurde.

In seiner 1924 fertiggestellten philosophischen Dissertation *Idee und Individuum. Eine kritische Untersuchung zum Begriff der Geschichte* hatte Elias bereits den Apriorismus kritisiert und für eine empirische Geschichtsauffassung plädiert, was allerdings zum Streit mit seinem Doktorvater, dem Neukantianer Richard Hönigswald, und zur Abwendung von der Philosophie zugunsten der Soziologie geführt hatte.

Zunächst als Habilitand bei Alfred Weber in Heidelberg, dann bei Karl Mannheim in Frankfurt, entwickelte Elias seine historisch-empirische Methode, soziogenetische und psychogenetische Prozesse zu identifizieren, zum ersten Mal im Rahmen seiner Habilitationsschrift, die allerdings erst 1969 in einer überarbeiteten Fassung mit dem Titel *Die höfische Gesellschaft* (HG) erscheinen konnte. Die bereits geschriebene und terminierte Antrittsvorlesung durfte der jüdische Wissenschaftler nach der Machtergreifung der Nationalsozialisten im Jahr 1933 nicht mehr halten; die wissenschaftliche Karriere war nachhaltig unterbrochen.

Im englischen Exil (wo der Flüchtling – welche Ironie der Geschichte – zwischenzeitlich als Kriegsgegner interniert wurde) schrieb Elias sein Hauptwerk *Über den Prozeß der Zivilisation* (PdZ), mit dem er seinen theoretischen und methodischen Ansatz voll entwickelte und auf kein geringeres Thema als die Genese des modernen Nationalstaats seit dem frühen Mittelalter und den damit korrespondierenden psychogenetischen Prozess der Affektregulierung anwandte. Allerdings konnte die Schrift nach langem Hin und Her nur in einem kleinen Schweizer Verlag für Exilliteratur erscheinen, der sie im Jahr 1939 und auch später kaum verkaufen konnte. Ein geplanter dritter Band des Zivilisationsbuches, in dem eine allgemeine Theorie der menschlichen Figurationen entwickelt werden sollte, kam 1939 nicht über das Stadium eines Manuskripts hinaus und sollte erst 1988 (!) unter dem Titel *Die Gesellschaft der Individuen* (GdI) veröffentlicht werden.

Elias musste sich als Dozent für Erwachsenenbildung durchschlagen, bis er 1954 eine Stelle als *lecturer* an der Universität Leicester und endlich, im Alter von 65 Jahren, im Jahr 1962 seine erste, befristete Professur in Ghana antreten konnte.

Viel veröffentlichen konnte der deutsche Soziologe im britischen Exil nicht. Immerhin entwickelte er neben einigen kleineren Studien im Rahmen einer gemeindesoziologischen Untersuchung zusammen mit John Scotson das – auf zahlreiche soziale Konflikte anwendbare – Modell der Figuration von *Etablierten und Außenseitern* (EuA, zuerst 1965). Darüber hinaus verfasste Elias Textfragmente zu wissens- und erkenntnistheoretischen Problemen, aus denen eine Fülle späterer Veröffentlichungen hervorgehen sollte.

Die eigentliche Rezeption des Elias'schen Werks begann 1964 in Deutschland mit einem ersten, nur wenig beachteten Auftritt beim Deutschen Soziologentag, wo er aber dem seinerzeit sehr einflussreichen Dieter Claessens begegnete, der ihn zu einer Gastprofessur an die Universität Münster einlud. Weitere Gastprofessuren und -vorlesungen in Konstanz, Aachen, Amsterdam, Den Haag, Bielefeld, Bochum sollten folgen.

Auf den *Prozeß der Zivilisation* wurde die wissenschaftliche Öffentlichkeit zum ersten Mal durch den Abdruck von Auszügen und eine wohlwollende Einführung des Herausgebers in dem 1967 erschienenen Sammelband *Sozialer* Wandel von Hans Peter Dreitzel aufmerksam.[14] 1969 erschienen dann die zweite Auflage des Prozeßbuches – allerdings nach wie vor als eher unglückliche verlegerische Unternehmung – und die *Höfische Gesellschaft*. 1970 publizierte Elias das stark auf dem Manuskript der *Gesellschaft der Individuen* aufbauende *Was ist Soziologie?* (WiS) als Band 1 der von Dieter Claessens herausgebenen Reihe *Grundfragen der Soziologie*. In den Niederlanden förderte Johan Goudsblom, der durch eine holländische Rezension aus dem Jahr 1939 auf Elias aufmerksam geworden war, die Elias-Rezeption. Den endgültigen Durchbruch erzielte Elias im deutschsprachigen Raum mit der Taschenbuchausgabe des *Prozesses der Zivilisation* im Jahr 1976 und der Verleihung des Theodor-W.-Adorno-Preises im darauf folgenden Jahr.

Eine Fülle weiterer Bücher sollte folgen, bis Elias 1990 im Alter von 93 Jahren starb.

Die Methodologie des Elias'schen Forschungsprogramms

Die enge Verknüpfung von Methodik, Thematik und Terminologie bzw. von Empirie und Theorie, Analyse und Synthese, Induktion und Deduktion ist charakteristisch für Elias' wissenschaftliches Forschungsprogramm. Im Zentrum dieses Konzepts steht die Vorstellung, dass die paradigmatischen Grundannahmen der Theoriebildung selbst empirisch überprüfbar sein müssen (vgl. ÜdZ, XIf.). Elias ist der Überzeugung, dass die Struktureigentümlichkeiten des Untersuchungsbereichs ihre Entsprechung in der Methodologie, in der Modellierung der Theorie und in der Art der empirischen Forschung finden müssen (vgl. WoW, 268 ff.). Seine Studien sind daher stets beides: einerseits Beschreibung und Erklärung eines spezifischen Phänomens, andererseits empirische Überprüfungen des Beschreibungs- und Erklärungsmodells, der begrifflichen Instrumentarien und der metatheoretischen Axiome.

Nicht zufällig bezeichnet Elias die Menschenwissenschaftler in diesem Zusammenhang als Mythenjäger: »Sie bemühen sich, durch Tatsachenbeobachtung nicht zu belegende Bilder von Geschehenszusammenhängen, Mythen, Glaubensvorstellungen und metaphysischen Spekulationen durch Theorien zu ersetzen, also durch Modelle von Zusammenhängen, die durch Tatsachenbeobachtungen überprüfbar, belegbar und korrigierbar sind.« (WiS, 53 f.)

Diese auf den ersten Blick positivistisch klingende Grundposition bezieht sich nicht nur auf konkrete Vorstellungen über bestimmte menschliche Phänomene, sondern ebenso auf die ihnen zugrunde liegende Struktur, d.h. auf die Eigentümlichkeiten der Wissensbereiche und ihre Methoden. Dieses Grundprinzip eröffnet neue Perspektiven für ein integratives Konzept der Menschenwissenschaften, das Elias kontrastierend gegenüber einer einheitswissenschaftlich orientierten Wissenschaftsphilosophie (Kritischer Rationalismus) entwickelt.

Im Gegensatz zum gegenwärtig vorherrschenden Wissenschaftsbegriff, der sich an naturwissenschaftliche Modelle anlehnt, ist der Ausgangspunkt von Elias' Überlegungen nicht die Setzung einer universell gültigen *Logik der Forschung*, die allen Wissenschaften zugrunde liegt, sondern die unterschiedliche Struktur der Gegenstandsbereiche der verschiedenen Wissenschaften: »Philosophische Wissenschaftstheoretiker wie Popper in der *Logik der Forschung* und danach seine Schüler plädieren für eine Universalwissenschaft und nehmen die Beziehungen und die Unterschiede zwischen den drei großen Wissensbereichen, die sich herausgebildet haben, nicht zur Kenntnis.« (WoW, 268) Anhand eines empirisch-theoretischen Modells der Gegenstandsbereiche und ihrer spezifischen Struktureigentümlichkeiten (vgl. Kap. 7) zeigt Elias, warum die physikalisch-chemischen Wissenschaften »die Eigenschaften zusammengesetzter Einheiten aus denen ihrer isoliert untersuchten Teileinheiten herleiten« (WoW, 273) und in Gesetzen zusammenfassen können. Gleichzeitig verdeutlicht er, dass diese Forschungskonzeption nicht auf die Menschenwissenschaften zu übertragen sei. Hier gelte, dass die Strukturen menschlicher Verhältnisse nicht auf psychische Strukturen reduziert werden können (und umgekehrt). Zur Beschreibung und Erklärung menschlicher Phänomene sei es deshalb erforderlich, umfassendere Synthesemodelle zu entwickeln, die Elias mit seiner Prozess- und Figurationstheorie anstrebt. Diese Theorie soll sowohl der relativen Autonomie der einzelnen Teileinheiten als auch deren Interdependenz gerecht werden. Nicht die Entdeckung raum-zeitloser Gesetze, sondern die Entwicklung von räumlich-zeitlichen Synthesemodellen steht im Vordergrund seiner Forschungsbemühungen (vgl. EuD, 187ff.).

Nach Elias hat die mangelnde Transparenz vieler gegenwärtiger Theorien der Human- und Gesellschaftswissenschaften ihren Grund »nicht in der Kompliziertheit des Gegenstandsgebiets, um dessen Erschließung sie sich bemühen, sondern in dem Gebrauch von Begriffen, die sich in anderen Wissenschaften, besonders den physikalischen in hohem Maße bewährt haben, oder im Gebrauch von als selbstverständlich betrachteten Alltagsbegriffen, die zur Erschließung der spezifischen gesellschaftlichen Funktionszusammenhänge ungeeignet sind« (WiS, 119). Die Menschenwissenschaftler, die unter dem Einfluss der etablierteren Naturwissenschaften deren prestigeträchtigere Methoden verwenden, verkennen nach Elias, dass diese Erklärungskonzepte (Gesetze und Kausalverknüpfungen) auf einen anderen Wissensbereich mit spezifischen, empirisch belegbaren Struktureigentümlichkeiten zugeschnitten sind. Dies führe in der Forschung zu der kritikwürdigen Praxis, dass Menschenwissenschaftler »ihre Probleme so zuschneiden, daß sie zu ihrer Methode passen, anstatt Methoden zu entwickeln, die sich zur Lösung relevanter Probleme eignen« (EuD, 36). Menschenwissenschaftler sollten dementsprechend mithilfe von empirisch-theoretischen Untersuchungen für ihren Gegenstandsbereich eigene Modelle und entsprechende Methoden bzw. adäquatere »Denk- und Sprachmittel« (WiS, 118 ff.) entwickeln.

Eingelöst wird dieses komplexe Forschungsprogramm bei Elias durch vergleichende Untersuchungen verschiedener Entwicklungsphasen gleicher oder unterschiedlicher gesellschaftlicher Formationen und der Verhaltens-, Empfindungs-, Denk- und Bedürfnisstrukturen der sie bildenden Menschen. Hier liegt für Elias das methodische Instrumentarium, um zentrale Grundannahmen der Theoriebildung, d.h. theoretische Modelle und metatheoretische Überlegungen, einer kritischen Überprüfung zu unterziehen. »Systematische Vergleiche zwischen sozialen Einheiten mit gleichen oder ähnlichen Strukturen und Funktionen oder auch zwischen verschiedenen Entwicklungsstufen derselben sozialen Einheit, also die vergleichende Methode und deren vielfältige Gebrauchsmöglichkeiten, sind eine der spezifischen Forschungsmethoden der Soziologie. Solche Vergleiche ermöglichen eine Kontrolle der Modellbildung, die an Gewißheit hinter der durch experimentelle Kontrolle erreichten in keiner Weise zurücksteht.« (WoW, 276f.)

Diese empirisch-theoretische Konzeption einer Methodologie und Metatheorie eröffnet dem interdisziplinären Denken und dem Wunsch nach einer ganzheitlichen Theorie der Menschenwissenschaften neue Chancen. Versteht man unter Interdisziplinarität heute oft nur die Herausgabe von Sammelbänden, in denen die Beiträge von Vertretern einzelner Spezialdisziplinen zu einem ausgesuchten Forschungsproblem unvermittelt nebeneinander stehen, so geht Elias mit seinem integrativen Konzept der Menschenwissenschaften wesentlich weiter. Obwohl der hohe Grad der Arbeitsteilung, sowohl zwischen den Wissenschaften als auch innerhalb der verschiedenen Spezialdisziplinen, den Entwurf einer Zentraltheorie der Menschenwissenschaften als Utopie erscheinen lassen mag, verdeutlichen Elias' integratives Konzept im Allgemeinen und seine Staatsbildungs- und Zivilisationstheorie im Besonderen, wie ein solches Programm einzulösen wäre.

Die Genese des Elias'schen Forschungsprogramms

Entstehungszusammenhänge und Hintergründe von Elias' integrativem Konzept der Menschenwissenschaften[16] sind primär in den 1920er und 1930er Jahren zu lokalisieren. Die großen Entwürfe einer Theorie der Entwicklung der Menschheit bzw. der okzidentalen industrialisierten Gesellschaften (Comte, Marx, Weber) waren noch präsent und vermittelten Elias' Denken ihre universalistische Perspektive. Darüber hinaus war dies die Zeit des

Aufbruchs der noch jungen akademischen Disziplin der Soziologie.

In der autobiografischen Schrift *Notizen zum Lebenslauf*, in der Elias seine wissenschaftliche Laufbahn von der Philosophie zur Soziologie beschreibt, sieht er sich primär in der Tradition der frühen Soziologie, deren produktive Köpfe aus dieser Phase der beginnenden Professionalisierung heute zu den Autoritäten ihres Faches gerechnet werden. »Was sie zur Soziologie trieb, war sicherlich in vielen Fällen die Erkenntnis, daß im Zuge der zunehmenden Urbanisierung und Industrialisierung auf der Ebene der gesellschaftlichen Praxis selbst eine Fülle von neuen Problemen auftauchte, die Geschichte, Nationalökonomie und die anderen Sozialwissenschaften brach liegen ließen, weil sie sich in ihr Problemschema nicht einfügten und ihren herkömmlichen Methoden nicht zugänglich waren. Zugleich stellten diese spürbaren gesellschaftlichen Wandlungen Gelehrten, die wach genug waren, sie zu sehen, eine innovatorische Aufgabe großen Maßstabes – die Aufgabe, eine umfassende Theorie der menschlichen Gesellschaft, genauer gesagt, der Menschheitsentwicklung auszuarbeiten, die als integrierender Bezugsrahmen für die verschiedenen speziellen Gesellschaftswissenschaften dienen konnte.« (NzL, 59)

Elias' Forschungsprogramm befand sich im Einklang mit Grundströmungen der Soziologie in den 1920er und frühen 1930er Jahren – so z.B. mit dem interdisziplinär orientierten Forschungsprogramm der Frankfurter Schule. In seiner Antrittsvorlesung am Frankfurter Institut für Sozialforschung, an dem auch Elias arbeiten sollte, wies Horkheimer ausdrücklich darauf hin, dass es bei der Entwicklung einer Theorie der Gegenwartsgesellschaft darauf ankomme, »Untersuchungen zu organisieren, zu denen Philosophen, Soziologen, Nationalökonomen, Historiker, Psychologen in dauerhafter Arbeitsgemeinschaft sich vereinigen.«[17] Das Forschungskonzept der Frankfurter Schule sollte Gesellschaft, Kultur und Persönlichkeit erfassen: »Die Frage nach dem Zusammenhang zwischen dem wirtschaftlichen Leben der Gesellschaft, der psychischen Entwicklung der Individuen und den Veränderungen auf den Kulturgebieten im engeren Sinn, zu denen nicht nur die sogenannten geistigen Gehalte der Wissenschaft, Kunst und Religion gehören, sondern auch Recht, Sitte, Mode, öffentliche Meinung, Sport, Vergnügungsweisen, Lebensstil usw.«[18] Ähnlich wie Karl Marx, Max Weber und Émile Durkheim siedelte die junge Disziplin ihre Untersuchungen noch im Kontext übergreifender Zusammenhänge an. Ihr Blick galt der Interdependenz aller gesellschaftlichen Teilbereiche, den Strukturmerkmalen und Entwicklungspotenzialen der bürgerlichen Gesellschaft und deren Genese. Forschungen zu »Problemen der menschlichen Gesellschaft, auch jeweils der zeitgenössischen«, wurden in einen erweiterten Rahmen von Untersuchungen über »die Vergangenheit der eigenen Gesellschaft oder über frühere Phasen anderer Gesellschaften« eingebettet (vgl. RSG, 29 ff.; TsP, 127 f.).

Die Problemstellung, »eine Zentraltheorie« der Menschenwissenschaften zu entwerfen, die »empirienah, also überprüfbar und korrigierbar ist, den Grundstock eines Theoriegebäudes zu legen, auf das spätere Generationen aufbauen, das sie je nachdem verwerfen, korrigieren oder auch weiterentwickeln können«, kam Elias im Verlauf seiner wissenschaftlichen Entwicklung erst »allmählich zu Bewußtsein«, noch etwas »vage in der Heidelberger« Zeit (etwa von 1925 bis 1930), wo Elias bei Alfred Weber Soziologie studierte, »etwas schärfer umrissen in der Frankfurter Zeit« (1930 bis 1933), wo er bei Karl Mannheim als Assistent und Habilitand arbeitete (NzL, 59).

Wie viele Soziologen der 1920er und 1930er Jahre, mit denen die Professionalisierung der akademischen Disziplin Soziologie ihren Anfang nahm, hatte Elias kein soziologisches Studium abgeschlossen, sondern war über Umwege zu ihr gelangt. Wie Theodor W.

Adorno, Karl Mannheim, Max Scheler, Georg Simmel und Ferdinand Tönnies hatte er zunächst Philosophie studiert und hierbei ein Thema gewählt, das sich dem Verhältnis zwischen Geschichtswissenschaft und Philosophie widmete. In seiner bei dem Neukantianer Richard Hönigswald angefertigten Dissertation *Idee und Individuum. Eine kritische Untersuchung zum Begriff der Geschichte* (1924), die seine interdisziplinären Interessen schon erkennen lässt, beschäftigt sich Elias bereits mit Problemen der immanenten Ordnung des Wandels, »innerhalb deren eine jeweils spätere Gegebenheit aus einer spezifischen Abfolge früherer hervorgeht« (NzL, 80). Seine Überlegungen zu einer empirisch orientierten Wissenschaftstheorie, die ihre Grundbegriffe und Axiome einer kritischen historischen Analyse unterzieht, sollte Elias allerdings nicht mehr im Rahmen philosophischer Begrifflichkeit weiterentwickeln. Seine These, dass auch die kantianischen, selbst nicht mehr bestimmungswürdigen Letztheiten wie Identität, Kausalität, Natur und Geltung nur im »Prozeß der menschlichen Denkentwicklung [...] und erst durch die Funktion in dieser Ordnung des Nacheinander« (NzL, 81) verstanden werden könnten, führte zu einer heftigen Auseinandersetzung mit seinem Doktorvater, in deren Verlauf sich Elias der Soziologie zuwandte. Hier hoffte er, seine Vorstellungen einer Verbindung von Empirie, Theorie und Metatheorie im Rahmen exemplarischer empirischer Fallstudien verwirklichen zu können.

Elias setzte sich zunächst mit den damals vorherrschenden Theorien langfristiger sozialer Prozesse auseinander. Als »Spätkommender«, wie Elias seinen Eintritt in die soziologische Gemeinschaft der 1920er Jahre beschreibt, erkannte er, dass die Entwicklung einer umfassenden Theorie der menschlichen Gesellschaft eines klar profilierten, also überprüfbaren Modells der Menschheitsentwicklung bedurfte. Nur durch empirische Überprüfbarkeit waren politisch-ideologische Wünsche und Hoffnungen aus der Analyse zu verbannen. »Es fehlte an Untersuchungen, die gesellschaftliche Wandlungen über einen längeren Zeitraum hin mit Hilfe von detaillierten empirischen Belegen derart greifbar machen konnten, daß es möglich wurde, an die Stelle der vorhandenen, oft recht spekulativen Modelle langfristiger sozialer Prozesse einen anderen Typ theoretischer Modelle zu setzen, nämlich Prozeßmodelle, die empirisch überprüfbar und wenn nötig korrigierbar oder widerlegbar waren. Das war aber nur dann möglich, wenn der Untersuchende nicht doktrinär an vorgefaßte Glaubensaxiome, an eine oder andere der gegensätzlichen Ideologien auf dem zeitgenössischen Parteispektrum gebunden war.« (NzL, 61) Zu diesen zählt Elias einerseits die Reduktion einer Entwicklungstheorie auf ausgesuchte soziale Bereiche, etwa auf die Wissens- und Kulturentwicklung (Comte, Neo-Weberianer), sozioökonomische Funktionsteilungsprozesse (marxistische Theorien) oder familiaristische, psychologistische Strukturen (psychoanalytische Ansätze), die als letzte Antriebskraft aller anderen Funktionsbereiche der Gesellschaft gedeutet werden (vgl. PdZ II, 436 f.; NzL, 59 ff.; RSG, 32; GTsP, 127 ff.). Andererseits zählen dazu aber auch spezifische metatheoretische Setzungen und Modellkonstruktionen, wie z.B. die Kernvorstellung einer »bürgerlichen Ideologie«, deren Ausgangspunkt das »Idealbild des freien, ganz auf sich selbst gestellten und unabhängigen Individuums« (NzL, 65) bildet.

Die Soziologie der 1920er und frühen 1930er Jahre war durch die Konfrontation marxistischer und kulturwissenschaftlicher Theorien gekennzeichnet. Obwohl die Frage nach dem Übergang von der feudalen zur berufsbürgerlich orientierten Industriegesellschaft einer der zentralen Forschungsgegenstände der damaligen Soziologie war, fehlten Untersuchungen zu den Interdependenzstrukturen und der spezifischen Rationalität der höfischen und feudalen Gesellschaft. Elias, der sich mit der Frage beschäftigte, wie das spezifische Interdependenzgeflecht des okzidentalen berufsbürgerlich geprägten Nationalstaats aus dem andersartigen Interdependenzgeflecht des Feudalismus hervorgegangen sei, erkannte diese Problemstellung als Forschungsdesiderat. In seiner Habilitationsschrift *Der höfische Mensch. Ein Beitrag zur Soziologie des Hofes, der höfischen Gesellschaft und des absoluten Königtums* untersuchte er deshalb exemplarisch die höfisch-absolutistische Gesellschaft Frankreichs im 17. und 18. Jahrhundert.

Elias' Forschungsinteresse galt der Herrschaftsstruktur und ihrer symbolischen Ordnung, der spezifischen Rationalität der höfischen Lebensführungskonzepte und dem zugrunde liegenden Beziehungsgeflecht des Königshofes von Versailles. Er verstand seine Studie als Entwurf eines Synthesemodells zur »königlichen Einherrschaft« im Rahmen eines vorindustriellen Staatsgefüges (vgl. HG, 190, 405 ff.; WoW, 276). Die höfische Gesellschaft betrachtet Elias als eine wichtige, den berufsbürgerlich geprägten Industriegesellschaften vorangehende Entwicklungsphase, deren Eigentümlichkeiten in einer von der Gegenwartsgesellschaft ausgehenden Rückschau allerdings nicht erfasst werden könnten (vgl. HG, 60 ff.).

Elias reichte seine Habilitationsschrift zu Beginn des Jahres 1933 an der Universität Frankfurt ein. Zu einem Abschluss des Habilitationsverfahrens sollte es aber nicht mehr kommen. Die Antrittsvorlesung, die damals konstituierender Bestandteil des akademischen Verfahrens war, wurde ihm nach der Machtergreifung durch die Nationalsozialisten aufgrund seiner jüdischen Herkunft untersagt. Elias emigrierte über die Schweiz nach Frankreich, wo er zunächst in Paris auf eine Veränderung der politischen Situation in Deutschland wartete. Aufgrund seiner guten französischen Sprachkenntnisse erhoffte er sich zudem eine intellektuelle Beschäftigungsmöglichkeit. Seine jüdisch-deutsche Herkunft, sein nicht abgeschlossenes Habilitationsverfahren und fehlende soziale Kontakte ließen es ihm jedoch zweckmäßiger erscheinen, 1935

S.H. Fuchs (später: Foulkes), einem befreundeten Psychoanalytiker, und Karl Mannheim nach London zu folgen. Innerhalb der nächsten zwei Jahre erweiterte Elias hier seine Habilitationsschrift über die höfische Gesellschaft zu einer Theorie der Psycho- und Soziogenese der abendländischen Zivilisation und Staatsbildung (Kap. 3).

In seiner Staatsbildungstheorie entwickelt Elias ein Modell, das aufzeigt, »wie und warum eine Figuration wenig zentralisierter und differenzierter Gesellschaftseinheiten früherer Zeiten sich in eine höher zentralisierte und kompliziertere Figuration verwandelt« (WiS, 175). Die empirische Grundlage seiner Untersuchung bildet die gesellschaftliche Entwicklung der mitteleuropäischen Gesellschaften vom frühen Mittelalter bis ins 19. Jahrhundert, wobei Elias sich insbesondere auf die Entstehung des französischen Nationalstaats konzentriert.

Elias beschränkt sich dabei nicht auf die Soziogenese des Staats, sondern untersucht ebenfalls, wie sich in diesem Prozess auch die Persönlichkeitsstrukturen der Menschen gewandelt haben. Elias macht sichtbar, dass Staatsbildung, sozio-ökonomische Funktionsteilung und zunehmende Zivilisierung des Verhaltens der Menschen keine isolierten Phänomene darstellen, sondern nur als interdependente Prozesse angemessen zu verstehen sind. Ähnliches schwebte Sigmund Freud vor, als er 1933 in der *Neuen Folge der Vorlesungen zur Einführung in die Psychoanalyse* bemerkte: »Wenn jemand imstande wäre, im einzelnen nachzuweisen, wie sich [...] die allgemeine menschliche Triebanlage [...] und ihre kulturellen Umbildungen unter der Bedingung der sozialen Einordnung gebärden, einander hemmen und fördern, wenn jemand das leisten könnte, dann würde er die Ergänzung des Marxismus zu einer wirklichen Gesellschaftskunde gegeben haben.«[19]

Dieses Zitat kann als programmatischer Entwurf von Elias' Zivilisationstheorie verstanden werden. In England entdeckte Elias das Forschungsmaterial, um dieses Programm einzulösen: Etiketten- und Manierenbücher vom 13. bis zum 18. Jahrhundert, »die wie in Zeitlupe den Wandel der Verhaltens- und Empfindungsstandarde [...] und die Ordnung ihres Nacheinanders«[20] erkennen ließen. Anhand von Textmaterial zu unterschiedlichen Lebensbereichen und -funktionen entwickelte Elias eine ganzheitlich orientierte Theorie der Genese der menschlichen Persönlichkeitsstrukturen, die er mit seinen Forschungsergebnissen zur Soziogenese der abendländischen Gesellschaft verband und zu einer umfassenden Theorie der Zivilisation ausarbeitete.

Elias veröffentlichte *Über den Prozeß der Zivilisation* (Bd. 1: 1937; Bd. 2: 1939) in einem kleinen Schweizer Verlag. Der Beginn des Zweiten Weltkriegs und Elias' jüdische Herkunft verhinderten jedoch eine Rezeption seines Werks, da seine Studie nicht in Deutschland oder Österreich erscheinen durfte. Zudem stieß in dieser Zeit die zweibändige Abhandlung eines unbekannten deutschen Autors auf keinerlei Interesse im Ausland. Der Autor teilte das Schicksal seines Buches, auch er verschwand aus dem Blickfeld der deutschen Fachwelt. Eine im gleichen Verlag angekündigte metatheoretische Studie zu seinem Hauptwerk, *Die Gesellschaft der Individuen*, in der Elias erste Ansätze seiner Prozess- und Figurationstheorie und seines menschenwissenschaftlichen Forschungsprogramms entwickelte, sollte nicht mehr erscheinen.[21]

Im englischen Exil absolvierte Elias eine Ausbildung als Gruppenanalytiker und arbeitete als Lehrer in Fortbildungskursen an der University of London. 1954 wurde ihm eine Stelle als Lektor, später als Dozent an der sich konstituierenden Fakultät für Sozialwissenschaften der University of Leicester angeboten. Dort lehrte Elias hauptsächlich Allgemeine Psychologie und Sozialpsychologie und gab Einführungsveranstaltungen in Soziologie für Erstsemester, die er als eine Einführung in Theorien sozialer Prozesse gestaltete. Trotz dieser Einbindung in die soziologische »scientific community« blieb Elias im institutionellen Gefüge der britischen Universität ein Außenseiter. Seine Hauptwerke, *Über den Prozeß der Zivilisation* und *Die höfische Gesellschaft*, waren in England nicht präsent; eine Übersetzung sollte erst Mitte der 1970er Jahre erfolgen, nachdem Elias »auf dem Kontinent« Anerkennung gefunden hatte. Eine Professur in England blieb ihm aufgrund seiner wenigen Publikationen in englischer Sprache verwehrt: Von 1935, dem Zeitpunkt seiner Ankunft in England, bis 1964 veröffentlichte Elias nur zwei Artikel. In *Studies in the Genesis of the Naval Profession* (1950)[22] versuchte er, die Fruchtbarkeit seines methodischen Konzepts einer Theorie langfristiger Prozesse anhand der Entwicklung des Berufsbilds des Marineoffiziers vom undisziplinierten Seemann zum Gentleman aufzuzeigen und gleichzeitig seine Theorie der Zivilisation auf die Genese der englischen Seenation zu übertragen. In *Problems of Involvement and Detachment* (1956)[23] entwickelte Elias kritische Überlegungen zu einer naturwissenschaftlich orientierten Sozialwissenschaft, in deren Zusammenhang er insbesondere Poppers Metaphysik der Wissenschaft kritisierte. Im Kontext der Vorherrschaft einer ahistorisch konzipierten Systemtheorie und einer positivistisch orientierten empirischen Sozialforschung bildeten seine Kritik einer einheitswissenschaftlichen Methodologie und sein Konzept einer Theorie langfristiger Prozesse jedoch eine nicht karrierefördernde Außenseiterposition.[24] Auch seine gemeindesoziologische Studie *The Established and the Outsiders* (EuA)[25], die er zusammen mit John L. Scotson 1965 publizierte, sollte zunächst kaum zur Kenntnis genommen werden.

Erst 1962, im Alter von 65 Jahren, wurde Elias eine befristete Gastprofessur in Ghana (1962 bis 1964) angeboten, die er aufgrund seines Interesses an der afrikanischen Zivilisation annahm. Elias resignierte nicht und blieb produktiv, auch wenn eine universitäre Karriere zu diesem Zeitpunkt ausgeschlossen schien. Richard Brown, ein ehemaliger Student der University of London und späterer Professor für Soziologie, beschrieb Elias' Forschungsbemühungen in dieser Entwicklungsphase folgendermaßen: »Die fehlende Publikationstätigkeit ging keineswegs auf mangelnde schriftstellerische Tätigkeit zurück. Ich erinnere mich, daß Elias immer an einem oder mehreren Projekten arbeitete und immer begierig war, sie mit anderen zu diskutieren.«[26] Diese zunächst unveröffentlichten Manuskripte bildeten die Grundlage für Elias' umfangreiche Publikationen seit den 1970er Jahren.

Den Publikationen voran gingen Gastprofessuren an deutschen Universitäten und die Teilnahme an zahlreichen wissenschaftlichen Tagungen. Der zunehmende Bekanntheitsgrad führte zunächst zu einer Neuauflage seiner zum Teil überarbeiteten Hauptwerke *Über den Prozeß der Zivilisation* (1969) und *Die höfische Gesellschaft* (1969). Mit der Veröffentlichung von *Was ist Soziologie?* (1970) wurde Elias zudem die Möglichkeit eröffnet, sein spezifisches Konzept einer Theorie langfristiger Prozesse und sein metatheoretisches Konzept der Prozess- und Figurationstheorie einem breiteren Publikum vorzustellen. Dreißig Jahre nach Erscheinen seines Hauptwerks waren damit die Voraussetzungen für eine umfassendere Rezeption von Elias' Forschungsarbeiten in Deutschland geschaffen, auch wenn die soziologische Konjunktur zunächst andere Theorien favorisierte.

Ende der 1960er Jahre wurde die soziologische Diskussion in der Bundesrepublik Deutschland von der Konfrontation zwischen der Kritischen Theorie, die auf einer intensiven Marx-Rezeption aufbaute, und der bürgerlich-konservativen Systemtheorie beherrscht. Es ist nur eine der vielen Ironien in Elias' Leben, dass diese Kontroverse, die 1969 eine intensive Auseinandersetzung mit Elias' Zivilisationstheorie verhindert hatte, letztlich den Grundstein für den Durchbruch legte, der erfolgte, nachdem *Über den Prozeß der Zivilisation* 1976 als Taschenbuch erschienen war.

Mitte der 1970er Jahre hatten sich die Grenzen beider Paradigmen gezeigt: Die Marx-Rezeption hatte sich merklich abgekühlt und ein gewisses theoretisches Vakuum hinterlassen. Allerdings hatte sie auch eine gesteigerte Sensibilität für die Historizität der menschlichen Gesellschaft bewirkt, die von den statischen Systemtheorien vernachlässigt worden war. Zugleich war durch eine intensive Freud-Rezeption, die innerhalb der Frankfurter Schule stattgefunden hatte, der Blick für den Zusammenhang von Soziogenese und Psychogenese geschärft, so dass die Zeit reif war für die menschenwissenschaftliche Synthese, die Elias mit *Über den Prozeß der Zivilisation* schon dreieinhalb Jahrzehnte zuvor geleistet hatte.

Wie sehr Elias' Zivilisationstheorie den theoretischen Bedarf an einer disziplinübergreifenden Synthese langfristiger Prozesse befriedigte, zeigte sich an der erstaunlich breiten Aufnahme seines Werkes. Von der Taschenbuchausgabe konnten bereits im ersten Jahr 20 000 Exemplare abgesetzt werden,[27] eine Auflagenhöhe, die sich nur dadurch erklären lässt, dass nicht nur Soziologen *Über den Prozeß der Zivilisation* lasen, sondern auch Historiker, Philosophen, Pädagogen und Psychologen.

Elias entwickelte nun, mit weit über siebzig Jahren, eine rege Publikationstätigkeit. In zahlreichen Einzelstudien zur Kunst-, Freizeit-, Sport-, Gemeinde- und Berufssoziologie, zur Migrationsforschung und zur Soziologie zwischenstaatlicher Beziehungen sowie in seinen Schriften zur Wissens- und Wissenschaftssoziologie erweiterte er sowohl räumlich als auch zeitlich seine Zentraltheorie der Menschenwissenschaften.[28]

Als Beispiel für eine seiner kleineren Studien zu einem speziellen Teilgebiet der Soziologie, die nicht losgelöst von seinem Hauptwerk betrachtet werden können, sei Elias' Untersuchung *Die Genese des Sports als soziologisches Problem* (1971)[29] angeführt. Auch hier zeichnet sich Elias' Ansatz durch eine große räumliche und zeitliche Reichweite aus, in der die Genese des Sports komplementär zu den umfassenderen Prozessen von Zivilisation, Staatsbildung und sozio-ökonomischer Funktionsteilung untersucht wird. Bereits in *Über den Prozeß der Zivilisation* und *Die höfische Gesellschaft* deutet Elias an, dass die Entwicklung von den ritterlichen Turnieren zu den höfischen Spielen als Indikator für den Grad der Zivilisierung der Oberschichten des Mittelalters betrachtet werden kann (vgl. PdZ II, 283 ff.; HG, 222 ff.). In *Die Genese des Sports als soziologisches Problem* vergleicht er nun die sportlichen Wettkämpfe in der griechischen Antike und in der englischen Gesellschaft der Gegenwart. Er weist auf die Unterschiede im Ethos der Athleten und in den Standards hin, nach denen sie bewertet wurden. So ließen die Spiele im antiken Griechenland ein weitaus größeres Maß an physischer Gewalt zu, was mit den damaligen gesamtgesellschaftlichen Verhaltens- und Gefühlsstandards gegenüber der Anwendung physischer Gewalt im Einklang stand. Elias ergänzt hierbei seine Überlegungen durch eine Untersuchung zum Prozess der Staatsbildung der griechischen Stadtstaaten. In diesem Zusammenhang sieht er seine These bestätigt, »daß die Staats- und Gewissensbildung, der Grad der gesellschaftlich zulässigen physischen Gewalt, die Scham- und Peinlichkeitsschwellen gegenüber dem Gebrauch und dem Erleben von Gewalt in verschiedenen Stadien der Gesellschaftsentwicklung unterschiedlich modelliert sind«[30].

In seinen umfangreicheren wissenssoziologischen Studien *Engagement und Distanzierung* (EuD, 1983) und *Über die Zeit* (ÜdZ, 1984) ergänzt Elias seine Theorie langfristiger Prozesse, der Staatsbildung, der sozio-ökonomischen Funktionsteilung und der Zivilisation um den langfristig-strukturierten, anfangslosen und ungeplanten Prozess des menschlichen Wissens. In *Humana conditio* (1985)[31] und teilweise schon in *Engagement und Distanzierung* fügt er ein Konzept zwischenstaatlicher Beziehungen hinzu und verlängert zugleich seine Staatsbildungstheorie mit einer Untersuchung des Verhältnisses zwischen den Hegemonialmächten USA und UdSSR bis in die Gegenwart hinein. *Studien über die Deutschen* (SüdD, 1989) thematisiert den Staatsbildungs- und Zivilisationsprozess der deutschen Gesellschaft im 19. und 20. Jahrhundert, wobei Elias sich insbesondere dem Verhältnis von Zivilisation und Gewalt widmet. Eine zeitliche Erweiterung seiner Zentraltheorie in die Vergangenheit der Menschheitsentwicklung hinein stellt seine wissenssoziologische Studie *Über die Zeit* dar, in der Elias den sozialen Habitus der Menschen komplex strukturierter, innerstaatlich pazifizierter und arbeitsteilig organisierter Industriestaaten mit der Persönlichkeitsstruktur von Menschen einfacher strukturierter, naturalwirtschaftender Stammesgesellschaften vergleicht, um die Entwicklung des Selbstzwangmusters des Zeitempfindens herauszuarbeiten.

Komplementär zu diesen umfangreichen Veröffentlichungen seit Anfang der 1970er Jahre zeigt der Rezeptionsverlauf seiner Arbeiten in der deutschen Sozial- und Geschichtswissenschaft eine »Tendenz zu einer grundsätzlichen, für oder gegen bestimmte Aspekte des Eliasschen Werks gerichteten Auseinandersetzung sowie erste Ansätze zur Gruppenbildung«[32].

Als Begründer einer »Elias-Schule« sind Peter Gleichmann, Johan Goudsblom und Hermann Korte zu nennen, die 1977 die Festschrift *Human Figurations* und 1978 und 1984 zwei Materialienbände zur Zivilisationstheorie herausgaben.[33] Korte veröffentlichte 1988 eine Elias-Biografie[34] und gab 1990 die »Bochumer Vorlesungen zu Norbert Elias' Zivilisationssoziologie« heraus, die Weiterentwicklungen und empirische Anwendungen des Elias'schen Ansatzes auf neue Themenfelder beinhalten.[35] Um die kontinuierliche Pflege und Weiterentwicklung des Elias'schen Erbes kümmert sich die in Amsterdam beheimatete Norbert Elias Foundation, die den Newsletter »Figurations« und seit 2012 zusätzlich die wissenschaftliche Zeitschrift »Human Figurations« herausgibt.[36] Im Jahr 2010 wurden die »Gesammelten Schriften in 19 Bänden« fertiggestellt, die neben Elias' wissenschaftlichen Schriften auch Biografisches, Interviews und Lyrik enthalten (vgl. Anhang).

Seit den 1980er Jahren erschien darüber hinaus eine kaum noch überschaubare Fülle von wissenschaftlichen Arbeiten, die Elias' Theorie aufgreifen, fortentwickeln und empirisch auf die verschiedensten Problembereiche anwenden – so etwa in der Ausländer-, Frauen-, Technik- und Wissenschaftssoziologie oder in der Sozialgeschichte der Kindheit, Jugend, Familie und Sexualität.

In der Politikwissenschaft hat sich die Perspektive, die Figurationsdynamik der Akteure, die an komplexen Entscheidungsprozessen beteiligt sind, zu analysieren, bei der Untersuchung der regulativen Politik der Europäischen Union bewährt und zu deutlich besseren Ergebnissen geführt als simplizistische spieltheoretische Modelle.[37]

Die wohl wichtigste Ergänzung der Zivilisationstheorie stammt von Pierre Bourdieu, der ihre Gültigkeit für europäische Gegenwartsgesellschaften anhand extensiver empirischer Analysen über Einstellungen zu Kultur, Ästhetik, Lebensstil, Konsumgewohnheiten, Essgewohnheiten und -manieren, Kleidung, Körperpflege, Sport, Sprache, Wohnungseinrichtung, Moral, Sexualität, Familienplanung und Politik bestätigt hat.[38]

Aber auch außerhalb des Kreises der Schüler und Anhänger von Elias' Forschungsprogramm hat sich eine breite Auseinandersetzung mit seinem Werk entwickelt. Ein Diskussionsbeitrag stammt von Viktor Vanberg, der in seinem 1975 erschienenen Buch *Die zwei Soziologien*[39] das Dilemma von individualistischen und kollektivistischen Gesellschaftstheorien darstellt. Vanberg begreift die Prozess- und Figurationstheorie als einen Ansatz, diese künstliche Dichotomie zu überwinden. Auch andere Theoretiker, die die verengte Perspektive der individualistischen Handlungstheorie zu überwinden versuchen, greifen auf Elias zurück und betonen Parallelen zum figurationstheoretischen Konzept (Boudon, Wippler).[40]

Schließlich ging 1984 der Soziologe Hartmut Esser so weit, eine hohe methodologische und theoretische Identität zwischen dem von Karl Popper begründeten methodologischen Individualismus und der Figurationstheorie zu behaupten. Auf diesen Vereinnahmungsversuch, der auf einer einseitigen und verkürzten Elias-Rezeption beruhte und der Prozess- und Figurationstheorie letztlich die Existenzberechtigung als eigenständiges Paradigma abzusprechen versuchte, entwickelte sich eine zwischen Elias- und Popper-Anhängern geführte, heftige Kontroverse.[41] Elias nutzte die Gelegenheit, sein methodologisches Konzept der Menschenwissenschaften noch einmal vom kritischen Rationalismus abzugrenzen. Er betonte, dass sich sein Programm keineswegs an naturwissenschaftlichen Modellen orientiere, sondern vielmehr räumlich-zeitliche Synthesemodelle in den Mittelpunkt stelle.

Diese theoretischen Auseinandersetzungen begründen zwar eine Reihe von Gegnerschaften zu Elias' Forschungsprogramm, dokumentieren aber letztlich, dass es im Spektrum sozialwissenschaftlicher Theorien einen anerkannten Platz gefunden hat. Aus dem Ansatz eines Außenseiters, dessen Werk sich nicht in die vorherrschenden Paradigmen und Diskussionen einordnen ließ, hat sich eine Zentraltheorie der Sozialwissenschaften entwickelt, die nun auch zum Angriffsziel konkurrierender Theorien wird – so z.B. im Rahmen der vergleichenden ethnologischen und anthropologischen Studien von Hans Peter Duerr.[42] Diese Debatte um den »Mythos vom Zivilisationsprozess« (vgl. Kap. 4) hat nicht zuletzt zur Klärung verkürzter Rezeptionen und theoretischer Missverständnisse von Elias' Werk beigetragen.

Nicht nur innerhalb der Sozialwissenschaften gilt Elias heute als einer der größten Soziologen des 20. Jahrhunderts, dessen Werk man bereits mit den universalwissenschaftlichen Studien von Max Weber verglichen hat.[43] Die International Sociological Association führt Elias' *Über den Prozeß der Zivilisation* immerhin auf Platz 7 in der Rangliste der 1000 »Bücher des 20. Jahrhunderts« und damit noch vor Werken von Jürgen Habermas, Michel Foucault, Theodor W. Adorno oder Karl Marx (drei weitere seiner Bücher haben es ebenfalls in die Rangliste geschafft).[44]

In der deutschen Philosophie hat Norbert Elias inzwischen seinen festen Platz gefunden. So findet man ihn im *Großen Werklexikon der Philosophie* von Franco Volpi genauso wie in dem von Thomas Bedorf und Andreas Gelhard herausgegebenen Autorenhandbuch *Die deutsche Philosophie im 20. Jahrhundert*.[45]

Im Jahr 1990, unmittelbar nach Elias' Tod, wurde vorausgesagt, dass »die große Zeit der Elias-Lektüre und der Elias-Wirkung erst noch kommt«[46] – eine Prognose, die sich offenbar erfüllt hat. Der Außenseiter ist schließlich etabliert.

2. Elias' integratives Konzept der Menschenwissenschaften

Der philosophische Blick

In seiner philosophischen Dissertation *Idee und Individuum. Eine kritische Untersuchung zum Begriff der Geschichte* (1922/24) setzt sich Elias mit erkenntnistheoretischen Problemen auseinander, die sich aus dem geschichtlichen, d.h. dem prozessualen Wesen des Menschen und der menschlichen Gemeinschaft ergeben. Den Ausgangspunkt seiner Untersuchung bildet die Vorstellung, »daß der Geschichte ein eigentümliches Gebilde, welches man ›Idee‹ nennt, zugrundeliegt und daß in dieser Idee und ihrem Verhältnis zu dem einzelnen geschichtlichen Faktum, zu dem ›Individuum‹ im weitesten Sinne des Wortes eben das Problem zu suchen sei, von dessen Auflösung der Geschichtsforscher Klarheit über das Prinzip jener Auswahl, über das Recht seines eigenen Verfahrens, der Philosoph Einsicht in den Aufbau der Geschichte und einen Beleg für den Anspruch auf Wahrheit, welchen das Urteil über Geschichtliches notwendig macht, erwarten darf.«[47] Unter dem Begriff der Idee versteht Elias somit einen Komplex von Strukturierungsprinzipien, die den Forschungsprozess von der Auswahl der Forschungsprobleme bis zur Interpretation der Ergebnisse leiten. Im Mittelpunkt seiner Dissertation steht die Frage nach der Geltung von geschichtswissenschaftlichen Aussagen, die Elias mithilfe philosophischer Instrumentarien zu beantworten versucht. Sein Erkenntnisinteresse ist es, Kriterien zur Unterscheidung einer dogmatischideologischen von einer kritischen Geschichtswissenschaft zu gewinnen.

Bei der Lösung dieser Problemstellung bewegt Elias sich zunächst in den Bahnen der vorherrschenden Lehrmeinung (Historismus): »Das zeitbestimmmte, ich-bezogene Glied eines dialektischen Prozesses ist nichts anderes als der Gegenstand der Geschichtswissenschaft. In einem solchen [...] Sinne ist der geschichtliche Prozeß einzigartig, nämlich Funktion seiner unvertauschbaren Stelle in einem dialektischen Prozeß, und einmalig [...] als Funktion eines die Zeit gliedernden Ich, zugeordnet einer bestimmten Stelle in der meßbaren Zeit. Er ist ein ›Individuum‹.«[48] Elias fügt jedoch hinzu, dass der allgemeine Gegenstand der Geschichte die spezifische Abfolgeordnung der geschichtlichen Ereignisse sei. Mangels empirisch-theoretischer Untersuchungen zur Struktur der Geschichte führt Elias seinen Argumentationsgang im terminologischen Rahmen der Hegel'schen Dialektik durch. Ihm ist allerdings bewusst, dass die Frage nach der Kontinuität des Geschichtsverlaufs und nach den Zusammenhängen der einzelnen geschichtlichen Fakten nicht von außen an die Geschichte herangetragen werden darf. Vielmehr sei diese Frage durch exemplarische, vergleichende Untersuchungen ihrer Struktureigentümlichkeiten zu beantworten.

Geschichtswissenschaft und Philosophie sind für Elias aufgrund der Prozessualität des kulturellen Systems und der menschlichen Gemeinschaft zwei untrennbar miteinander verbundene Disziplinen. Auch die Philosophie ist Teil des kulturellen Systems und muss ihre strukturierenden Prinzipien anhand ihrer geschichtlichen Entwicklung kritisch hinterfragen. Ihre Wissensstrukturen sind geschichtlich und damit langfristig-strukturiert, also nur im Kontext der Genese der menschlichen Gemeinschaft zu untersuchen. Elias ordnet das erkennende Individuum in einen größeren Zusammenhang ein, der sowohl die Gemeinschaft der Individuen als auch das kulturelle System ihrer Ideen und den Gedanken der Geschichtlichkeit umfasst. Auf der Grundlage dieser Überlegungen widerspricht er Kants erkenntnistheoretischer Vorstellung von *a priori* gegebenen Bedingungen der menschlichen Denk- und Wissensstrukturen. In der autobiografischen Schrift *Notizen zum Lebenslauf* fasst er seine Kritik noch einmal zusammen: »Ich konnte nicht übersehen, daß alles, was Kant als zeitlos und vor aller Erfahrung gegeben hinstellte, sei es die Vorstellung einer Kausalverknüpfung, die der Zeit oder die natürlichen oder moralischen Gesetze, zusammen mit den entsprechenden Worten von anderen Menschen gelernt werden müssen, um im Bewußtsein des einzelnen Menschen vorhanden zu sein. Als gelerntes Wissensgut gehören sie also zum Erfahrungsschatz eines Menschen.« (NzL, 19)

Sein Doktorvater Richard Hönigswald, ein Neukantianer, verweigerte aufgrund der Passagen, die sich kritisch über Kant äußerten, die Annahme der Dissertation. Nach einem knapp zweijährigen Disput beugte sich Elias dem Druck von Hönigswald (vgl. NzL, 81). Elias entfernte die kritischen Passagen, in denen er seine von Hönigswald abweichenden Vorstellungen entwickelte, und formulierte in dem veröffentlichten Auszug wider seine Überzeugung: »Mag nun auch immerhin die bestimmte einzelne Idee, der gemäß etwas als Folge aus Gründen hergeleitet wird, selbst geschichtlicher Begriff sein und somit auch selbst der Gesetzlichkeit des dialektischen Prozesses unterworfen sein können, die Idee der Geltung als Prinzip des dialektischen Prozesses ist dessen Bewegung enthoben.«[49]

Der Streit um seine Dissertation sollte Elias' Verhältnis zu den »wirklichkeitsblinden« Philosophen (vgl. WoW, 268) prägen. Seine Kritik wichtiger Grundannahmen der neuzeitlichen europäischen Philosophie (a-priori-Geltungsbegriff, Ahistorizität und Asozialität des transzendentalen Modells der Erkenntnis), die er nicht im Rahmen ihres institutionellen Gefüges entwickeln konnte, führte ihn Mitte der 1920er Jahre zur Soziologie. Dieser Wechsel der Disziplinen ist verbunden mit einem Wechsel der Perspektiven und begrifflichen Instrumentarien. Bereits die Titel von Elias' Publikationen belegen diesen Paradigmenwechsel. Hieß seine Dissertation 1924 noch *Idee und Individuum*, so liegt der Akzent 1939 auf der *Gesellschaft der Individuen*. Die Gegenüberstellung abstrakter, idealtypischer Begriffe (Idee vs. Individuum, Subjekt vs. Objekt, Individuum vs. Gesellschaft) weicht nun relationalen Begriffsbestimmungen, deren Angemessenheit sich in empirisch-theoretischen Untersuchungen in der Konfrontation mit alternativen Vorstellungen behaupten muss (Idealtypen vs. Realtypen).

Auch wenn sich Elias nach dem Streit mit Hönigswald von der Philosophie als Disziplin löste und sich der Soziologie zuwandte, verloren erkenntnis- und wissenschaftstheoretische Fragestellungen für seine weitere wissenschaftliche Entwicklung nicht an Bedeutung. Zum einen finden sich über das Gesamtwerk von Elias verstreut kritische Kommentare zu philosophischen Menschenbildern und ontologischen Prämissen von Descartes über Kant bis zu Husserl und Popper; zum anderen beschäftigt er sich weiterhin mit originär philosophischen Fragestellungen, mit erkenntnistheoretischen Problemen und wissenschaftstheoretischen Konzepten. Allerdings fasst er diese ursprünglich metaphysischen Problemstellungen nun als empirisch-theoretische auf, die einer Überprüfung durch menschenwissenschaftliche Untersuchungen standhalten müssen.

Philosophie und historische Anthropologie

Eine Darstellung von Elias' Entwicklung von der Philosophie zur Soziologie wäre unvollständig, wenn sie nicht zugleich in den Kontext der Geschichte der Philosophie in Deutschland eingebettet würde. Die Entwicklung der deutschen Philosophie vom Ende der 1920er Jahre bis in die 1940er Jahre ist zu Recht durch den Begriff der »anthropologischen Wende« gekennzeichnet worden. Damit ist eine anthropologische Ausrichtung der Philosophie im Rahmen einer geschichtlichen und somit zugleich empirischen Orientierung gemeint, die »Auswege aus den Reflexionssackgassen traditioneller Philosophie und aus der seit dem Ende des 19. Jahrhunderts immer wieder beschworenen Wissenschaftskrise finden wollte«[50]. Diese philosophische Anthropologie als eine spezifisch deutsche Theorievariante ging mit einer Soziolozisierung der philosophischen Reflexion einher. Exemplarisch seien hier Max Scheler, Helmuth Plessner und Arnold Gehlen genannt.

In diesem Zusammenhang kann für Elias ein früher Bruch mit einer akademisch orientierten, ahistorischen und »eingleisigen« Philosophie konstatiert werden, die sich auf Reflexion und Metaphysik beschränkte und empirisch-theoretische Ansätze ablehnte. Dieser Bruch vollzog sich für Elias sowohl biografisch (Auseinandersetzung mit Hönigswald) als auch werkimmanent auf radikale Weise. Seine Fragen nach einem realitätsadäquateren Menschenbild, nach der Angemessenheit der Begriffe und den Geltungsbedingungen der Menschenwissenschaften sind nur im Rahmen von empirisch-theoretischen Untersuchungen zur Genese der Menschheitsentwicklung zu beantworten. In *Wissenschaft oder Wissenschaften?* (1985) hebt Elias rückblickend zum einen vergleichende, langfristig orientierte Untersuchungen unterschiedlicher Entwicklungsphasen einer räumlich begrenzten gesellschaftlichen Formation hervor (Staatsbildungs- und Zivilisationsprozess in Mitteleuropa vom 9. bis 18. Jahrhundert), zum anderen systematische Vergleiche zwischen ähnlich strukturierten, aber räumlich und zeitlich nicht oder kaum verbundenen sozialen Formationen (z.B. des französischen und des japanischen Königshofs; vgl. WoW, 276ff.)

Elias' Forschungsprogramm, das auf Vorarbeiten mit ähnlicher Intention nicht zurückgreifen konnte, erforderte ein universalgeschichtliches Studium und eine neuartige, interdisziplinäre Synthese verschiedenster Wissenschaftszweige. Im Rahmen der entstehenden philosophischen Anthropologie nimmt Elias eine Außenseiterposition ein, die erst in den 1960er und 1970er Jahren in Deutschland Anerkennung erfuhr. In der Zwischenzeit hatte sich der Übergang von der traditionellen Anthropologie, »welche nach den Grundstrukturen und Grundkategorien des menschlichen Daseins, nach generalisierbaren menschlichen Verhaltens-, Handlungs-, Denk- und Antriebsformen, nach ihrer Prägung durch soziale Institutionen fragte«, zu einer historischen Anthropologie vollzogen, »welche die Dimension der Veränderung in der Zeit akzentuiert« (Dietmar Kamper, Leo Kofler, Wolf Lepenies, Rudolf zur Lippe, Helmut Nolte, Volker Rittner u.a.). Ihnen ist gemeinsam, dass sie der Philosophie die Fähigkeit absprechen, im direkten Zugriff durch metaphysische Bestimmungen das Wesen des Menschen zu erkennen. Andererseits darf die Anthropologie »dabei nicht mißverstanden werden als die Lehre von sich durch die Geschichte hindurch erhaltenden Konstanten der menschlichen Kulturen oder von einer unveräußerlichen Substanz der menschlichen Natur«; vielmehr liegt ihr »die Frage nach den unveränderlichen Voraussetzungen menschlicher Veränderlichbarkeit zugrunde«[51].

Obwohl diese konzeptionellen Veränderungen in Philosophie und Anthropologie einen wichtigen Kontext der Wiederentdeckung von Elias' Werk in den 1960er und 1970er Jahren bilden, nimmt sein Forschungsprogramm der Menschenwissenschaften innerhalb der verschiedenen Ausrichtungen der historischen Anthropologie jedoch wiederum eine Sonderstellung ein. Im Gegensatz zur negativ formulierten Anthropologie der Kritischen Theorie versteht Elias seine Forschungsbemühungen nicht nur als »Selbstreflexion der Sozial- und Kulturwissenschaften auf ihre biologischen

Grundlagen und ihre normativen Gehalte in bestimmten historisch-politischen Problemlagen«[52], sondern als ein positiv formuliertes Forschungsprogramm, das mithilfe einer Kritik wissenschaftlich formulierter Menschenbilder umfassendere und realitätsadäquatere Begriffe entwickeln möchte. Im Rahmen der exemplarischen Untersuchung eines Teilausschnitts der Genese der Zivilisation in Mitteleuropa versucht Elias seine Konzeption einzulösen. Es wäre allerdings verkürzt, wenn man unterstellen wollte, dass es ihm allein um das Aufzeigen vielfältiger Lebensäußerungen und Sozialformen geht, also lediglich um eine Kritik von »stereotypen Vorstellungen von vorgegebenen und konstanten Merkmalen menschlicher Antriebe, Einstellungen und Verhaltensweisen«[53], wie z.B. Hans Süßmuth die Aufgabe der historischen Anthropologie umreißt. Elias konstatiert keineswegs nur die Prozessualität der Menschen und der menschlichen Gemeinschaft; auch begnügt er sich nicht damit, historische und gegenwärtige Lebensentwürfe und -formen einfach miteinander zu konfrontieren. Er fragt vielmehr stets nach den Regelmäßigkeiten einer historischen Abfolgeordnung und somit nach der Möglichkeit einer Theorie langfristig-strukturierter Prozesse der Menschheitsentwicklung.

Zum Verhältnis der Einzeldisziplinen in Elias' Forschungsprogramm

Das Kardinalproblem von Elias' Forschungsprogramm, das ihm bei der Abhandlung von *Über den Prozeß der Zivilisation* bewusst wurde, ist das Verhältnis zwischen Gesellschaft und Individuum (vgl. GdI, 10). In einer 1939 geschriebenen Arbeit, die aufgrund des beginnenden Zweiten Weltkriegs nicht mehr veröffentlicht werden konnte und erst 1987 unter dem Titel *Die Gesellschaft der Individuen* erschien, bezeichnet Elias dieses Verhältnis als den entscheidenden »Punkt, von dem unmittelbar ein Weg zur Niederlegung der künstlichen Grenzpfähle führt, durch die wir heute die Menschen beim Nachdenken in verschiedene Herrschaftsbereiche zerlegen, etwa in einen Bereich der Psychologen, einen Bereich der Historiker und einen Bereich der Soziologen. Die Strukturen der menschlichen Psyche, die Strukturen der menschlichen Gesellschaft und die Strukturen der menschlichen Geschichte sind unablösbare Komplementärerscheinungen und nur im Zusammenhang miteinander zu erforschen. Sie bestehen und bewegen sich in Wirklichkeit nicht dermaßen getrennt voneinander, wie es beim heutigen Forschungsbetrieb erscheint. Sie bilden zusammen mit anderen Strukturen den Gegenstand der einen Menschenwissenschaft.« (GdI, 60)

In seinen späteren Schriften (vgl. EuD, 187 ff.; WoW, 268 ff.) wird Elias von den Menschenwissenschaften im Plural sprechen, ohne die hier skizzierte Prämisse seiner Zivilisations- und Staatsbildungstheorie aufzugeben: die Interdependenz von Psycho- und Soziogenese und dementsprechend die interdisziplinäre Ausrichtung der Einzeldisziplinen Geschichte, Psychologie und Soziologie. Die verschiedenen Einzeldisziplinen der Menschenwissenschaften setzen sich mit verschiedenen Ebenen der Menschheitsentwicklung bzw. mit räumlich und zeitlich eingegrenzten Teilbereichen dieses Entwicklungsprozesses auseinander und benutzen entsprechend ihren spezifischen Forschungsgegenständen z.T. unterschiedliche Forschungsmethoden. Eine umfassendere Zentraltheorie der Menschenwissenschaften, die sich dem Vorwurf eines Reduktionismus entziehen will, muss daher ein komplexes Modell der Perspektivenbündelung der einzelnen Spezialdisziplinen entwickeln, dessen spezifische Synthese anhand empirisch-theoretischer Untersuchungen widerlegt oder bestätigt werden kann.

Nach Johan Goudsblom, einem niederländischen Soziologen und langjährigen Freund von Elias, lassen sich drei zentrale Teilbereiche von Elias' Forschungsprogramm unterscheiden, mit deren einzelnen Aspekten sich im arbeitsteiligen Gefüge der Menschenwissenschaften unterschiedliche Disziplinen auseinandersetzen: »(1) Jeder Mensch macht in seinem Leben eine Reihe von Lernprozessen durch, in denen er sich gesellschaftliche Verhaltensnormen zu eigen macht, die Teil seiner Persönlichkeit werden; (2) diese gesellschaftlichen Normen unterscheiden sich von Gesellschaft zu Gesellschaft und verändern sich im Laufe der Zeit; (3) die Normen der verschiedenen Gesellschaften sind nicht unabhängig voneinander, sondern sind Teil von Entwicklungen, die letzten Endes die gesamte Menschheit umfassen.«[54] Der sozio- und psychogenetische Zivilisationsprozess kann dementsprechend in drei Ebenen zerlegt werden, mit denen sich unterschiedliche humanwissenschaftliche Disziplinen auseinandersetzen. Sie verbindet Elias in seiner Theorie der Menschheitsentwicklung zu einer eigenständigen Synthese: Jeder individuelle Zivilisationsprozess (Objektbereich der Spezialdisziplinen Psychoanalyse, Entwicklungspsychologie, Sozialpsychologie etc.) wird als Teil des soziogenetischen Zivilisationsprozesses einer spezifischen Gesellschaft (Objektbereich der Spezialdisziplinen Geschichte, Soziologie, historische Psychologie) verstanden, der wiederum nur einen Ausschnitt des anfangslosen, ungeplanten Zivilisationsprozesses der Menschheitsentwicklung repräsentiert (Objektbereich der Anthropologie, Soziobiologie etc.).[55]

Elias' Forschungsprogramm bezieht sich allerdings nicht nur auf die Zivilisationstheorie im engeren Sinne. Das allgemeine Modell seines Forschungsprogramms beschreibt Elias in *Über den Prozeß der Zivilisation* folgendermaßen: »Es verändert sich die Art, in der die Menschen miteinander zu leben gehalten sind; deshalb ändert sich ihr Verhalten; deshalb ändert sich ihr Bewußtsein und ihr Triebhaushalt als Ganzes. Die ›Umstände‹, die sich ändern, sind nichts, was gleichsam von ›außen‹ an den Menschen herankommt;

die ›Umstände‹, die sich ändern, sind die Beziehungen zwischen den Menschen selbst.« (PdZ II, 377) Der Zivilisationsprozess als Psychogenese ist somit ein Modell. Darüber hinaus bedarf es eines theoretischen Rahmens, der die beiden Ebenen wieder zu einer Synthese zusammenführt. Die Bestimmung des Verhältnisses von Sozialwissenschaften, Geschichtswissenschaft und Psychologie ist daher ebenso von eminenter Bedeutung wie die Definition ihres jeweiligen Gegenstandsbereiches.

Die Sozialwissenschaften

Grundlegend für Elias' Theoriebildung ist sein Bemühen, die in den Sozialwissenschaften vorherrschende Trennung in eine subjektivistisch auf das Individuum und eine objektivistisch auf die Gesellschaft gerichtete Betrachtungsweise zu überwinden. Seine menschenwissenschaftlichen Konzepte beziehen sich stattdessen auf Menschen im Plural, d.h. auf offene, gegenseitig aufeinander ausgerichtete Menschen, die durch Interdependenzketten verschiedenster Art miteinander verbunden sind. Die Figurationen, die Menschen miteinander bilden, von familiären bis zu zwischenstaatlichen, bestimmen mit ihrer immanenten Dynamik in hohem Maße die individuelle Lebensführung. Sozialwissenschaftliches Denken dieser Art will sich »von den Beziehungen her« (Analyse des Interdependenz- und Machtgefüges) »auf das Bezogene« (z.B. spezifische Vorstellungen der Menschen) richten (WiS, 134).

Elias kritisiert sowohl kollektivistische Theorien, in denen Gesellschaften als eigenständige Systeme verstanden werden, die unabhängig von den sie bildenden Menschen bestehen, als auch individualistische Ansätze der Gegenwartssoziologie, wonach gesellschaftliche Prozesse lediglich die Folge planmäßiger und unplanmäßiger Handlungen einzelner Menschen (homines clausi, Monaden, isolierte Atome) darstellen und mithilfe individual-psychologischer Analysen (Reduktionismus) und allgemeiner Gesetze erklärt werden könnten. Statt von den einzelnen Individuen oder von gesellschaftlichen Gegebenheiten jenseits der Individuen her zu denken, gilt es in Elias' Modell der sozialen Wirklichkeit, die Vielheit der Menschen, die vielfältigen Grade und Arten ihrer Abhängigkeit und ihrer Angewiesenheit aufeinander zu erfassen. Der Begriff der Figuration bringt nach Elias klarer zum Ausdruck, dass das, was wir Gesellschaft nennen, weder eine Addition »gesellschaftslos existierender Individuen noch ein System oder eine ›Ganzheit‹ jenseits der Individuen ist, sondern vielmehr das von den Menschen gebildete Interdependenzgeflecht selbst.« (PdZ 1, LXVIII)

Die zwischenmenschlichen Verflechtungsordnungen, die Sozialwissenschaftler untersuchen, bestehen aus Figurationen innerhalb von Figurationen, d.h. aus vielen miteinander verflochtenen und verschachtelten Ebenen von unterschiedlicher Stärke und Kontrollgewalt. Diese verschiedenen Ebenen werden in der Sozialwissenschaft, wie Elias kritisch hervorhebt, »von verschiedenen Spezialistengruppen untersucht, die kaum je über ihr eigenes Arbeitsfeld hinaussehen« (EuD, 47). Ein integratives Konzept der Menschenwissenschaften erfordert demgegenüber nicht nur eine Synthese von interdisziplinären, sondern auch von intradisziplinären Perspektiven. So wie das funktionsteilige, ausdifferenzierte Gefüge der Sozialwissenschaften aufgefächert werden kann in einzelne Spezialdisziplinen (Politik, Ökonomie, Soziologie), welche wiederum aus mannigfaltigen Spezialfeldern bestehen, so lässt sich auch die Einzeldisziplin Soziologie in ein Kontinuum von Ebenen, von der Familiensoziologie bis zur Soziologie der zwischenstaatlichen Beziehungen, zerlegen. In Elias' Figurationstheorie werden die verschiedenen Teilfigurationen mit unterschiedlichen Integrationsniveaus in einem »Mehrebenenmodell« (EuD, 46ff., 477ff.) zu einer Synthese gebracht. Hierbei kann sowohl »die übergeordnete Figuration, und auch jede ihrer Unterfigurationen, Zusammenhangsstrukturen und Regelmäßigkeiten aufweisen, die von denen ihrer jeweiligen Teilfigurationen verschieden und nicht von ihr ableitbar sind.« (EuD, 47) Elias' räumlichen Synthesemodellen liegt dementsprechend ein Denken zugrunde, das von den Figurationen höherer Ordnungen (z.B. Staatsverbände) ausgeht, um über Teilfigurationen niedrigerer Ordnung (z.B. Staaten) zu den Individuen zu gelangen.

Im Mittelpunkt von Elias' Konzept befinden sich die wechselnden Machtbalancen und -konflikte, die den Figurationen immanent sind, d.h. das soziogene Interdependenz- und Spannungsgefüge selbst (vgl. WiS, 194 f.). Was viele Menschen als gesellschaftlichen Zwang empfinden, ist nichts anderes als die zahlreichen Zwänge, die viele Menschen entsprechend ihrer gegenseitigen Abhängigkeit aufeinander ausüben. »Gerade die Tatsache, daß die anderen, wie man selbst, einen eigenen Willen haben, setzt der Eigenwilligkeit eines jeden von ihnen Grenzen, gibt ihrem Zusammenleben eine eigene Struktur und eigene Dynamik, die man weder verstehen noch erklären kann, wenn man jeden einzelnen Menschen für sich betrachtet«, sondern nur, »wenn man von der Vielheit der Menschen, von den vielfältigen Graden und Arten ihrer Abhängigkeit und ihrer Angewiesenheit aufeinander ausgeht.« (NzL, 68 f.)

In Elias' integrativem Konzept der Menschenwissenschaften nimmt die Sozialwissenschaft nicht die Position einer »Königsdisziplin« ein, wie in den vorangegangenen Entwicklungsstufen des menschlichen Wissens die Theologie und später die Philosophie. Innerhalb seines Konzepts kommt ihr aber dennoch eine besondere Funktion zu, da Elias' Denken – entsprechend den Struktureigentümlichkeiten der sozialen Wirklichkeit – von der Figuration der Vielen über Teilfigurationen zum einzelnen Menschen eine soziologische Richtung einschlägt. Es ist daher keineswegs zufällig, wenn sich Elias in seiner autobiografischen Schrift *Notizen zum Lebenslauf* vor allem als Soziologe bezeichnet (vgl. NzL, 58 ff.).

Geschichte und Sozialwissenschaften

Elias beschreibt die sich im historischen Prozess verändernden Figurationen prozessual und dynamisch. Statische Zustandsreduktionen und ahistorische Theorien werden ebenso wie ein »Rückzug der Soziologen auf die Gegenwart« (RSG) vermieden. Sein metatheoretisches Konzept und seine zahlreichen prozesssoziologischen Untersuchungen beruhen vielmehr auf der empirisch belegbaren Vorstellung, dass Wandlungen zu den normalen Struktureigentümlichkeiten von Figurationen und Menschen gehören. Aufgrund der Prämisse, »daß alles, was geworden und immer im Werden ist, auch theoretisch nur als Gewordenes und Werdendes erfaßt werden« (HG, 31) kann, ist der soziale Wandel innerhalb von Elias' Theorie sozialer Prozesse ein konstitutiver Bestandteil der theoretischen Synthese. Ausdrücklich wendet sich Elias gegen den gegenwärtigen Gebrauch der Kategorie des sozialen Wandels und die Etablierung einer entsprechenden soziologischen Spezialdisziplin, in der ein Entwicklungsprozess als ein durch »Störungen herbeigeführter Übergangszustand zwischen zwei Normalzuständen der Wandellosigkeit« (PdZ I, XX) definiert wird. Was Sozialwissenschaftler »sozialer Wandel« nennen, ist vielmehr nur ein spezifischer sozialer Prozess: eine langfristig-strukturierte, ungeplante Entwicklung. Was Sozialwissenschaftler hingegen als statische oder gar ahistorische Funktionszusammenhänge von sozialen Systemen oder Individuen (Sozialstruktur) verstehen, sind in Wirklichkeit dynamische, reproduktive oder zyklische Prozesse, die ein so geringes Wandlungstempo besitzen können, dass sie gemessen an der Lebensspanne eines einzelnen Individuums als unveränderlich erscheinen. Die Prozessualität von Figurationen und Menschen ist somit nicht durch eine rein theoretische, dialektische Vermittlung von Statik und Dynamik zu erfassen, die kein Pendant in der Wirklichkeit hat.

Statischen, ahistorischen Modellen setzt Elias ein realitätsadäquateres Modell von langfristig-strukturierten, ungeplanten, anfangslosen und komplementären Prozessen der Gesellschafts- und Persönlichkeitsstrukturen entgegen, in dem Vergangenheit, Gegenwart und Zukunft menschlicher Gesellschaften ein diachrones Kontinuum bilden (vgl. RSG, 30 f.). Sie werden nicht als getrennt existierende Gleichgewichtszustände verstanden, die durch das Phänomen des sozialen Wandels ineinander übergehen. Die Gegenwart, auf die sich die Soziologen zumeist beschränken, lässt sich Elias zufolge nur verstehen und erklären, indem sie als Ausschnitt langfristiger, ungeplanter Entwicklungsprozesse betrachtet wird, in denen jede beabsichtigte und geplante Weiterentwicklung mit einer umfassenderen ungeplanten Entwicklung verflochten ist (vgl. TsP, 138 ff.). Dieses Verständnis der sozialen Wirklichkeit findet in der Konzeption der prozessualen und dynamischen Figurationen seine begriffliche Umsetzung.

Zwischen den Wissensbereichen der Geschichtswissenschaft und der Sozialwissenschaft besteht kein struktureller Unterschied. Die künstlichen Grenzziehungen zwischen Vertretern beider Disziplinen stehen der Entwicklung einer umfassenden Theorie der Menschheitsentwicklung vielmehr im Wege. So ist z.B. in der gegenwärtigen Sozialwissenschaft »nur noch wenig [...] von dem Bemühen zu spüren, dem man nicht allein bei Marx und Weber, sondern etwa auch bei Émile Durkheim, Werner Sombart oder Karl Mannheim begegnet – von dem Bemühen, Eigentümlichkeiten gegenwärtiger Gesellschaften mit Hilfe eines weiten geschichtlichen oder ethnologischen Wissens durch Vergleiche mit anderen Entwicklungsstufen der Gesellschaft und so schließlich und endlich auch diese Entwicklung selbst theoretisch in den Griff zu bekommen« (RSG, 31). Der traditionellen Geschichtswissenschaft wiederum wirft Elias vor, dass sie ihre Fragestellungen vor allem auf einmalige Geschehensbereiche richte und die Ebene der Zusammenhänge und Abhängigkeiten von Menschen, der langfristigen, sich oft wiederholenden Strukturen und Prozesse vernachlässige. Sie verkenne, dass Geschichte immer »die Geschichte bestimmter menschlicher Gesellschaftsverbände« sei, in der »einmalige und individuelle Aspekte der Geschehenszusammenhänge mit wiederkehrenden gesellschaftlichen Aspekten« (HG, 24) in einer spezifischen Weise verknüpft seien (vgl. TsP, 133 ff.). Während Soziologen nicht selten den Anschein erweckten, als existierten Figurationen oder Systeme unabhängig von den sie bildenden Menschen, erzeugten wiederum manche Historiker den Eindruck, als ob Geschichte das Werk bestimmter außergewöhnlicher Individuen jenseits sozialer Beziehungen sei.

In dem Verhältnis zwischen der gegenwärtigen Geschichts- und Gesellschaftswissenschaft spiegelt sich somit die bereits beschriebene Problematik von Individualismus und Kollektivismus. Elias bezeichnet die Forschungsperspektiven, die eine Teilsicht der Struktureigentümlichkeiten der sozialen Wirklichkeit zu einer Totalsicht erheben, als ideologisch (vgl. HG, 43). Eine Zentraltheorie der Menschheitsentwicklung ist stattdessen auf eine »Ergänzung der historischen durch die soziologische Arbeitsweise« angewiesen. Elias zufolge ist es aber »verhältnismäßig unwichtig, ob sich diese Ausweitung der historischen Perspektiven durch die Bemühungen von Fachsoziologen, von Fachhistorikern oder durch eine Zusammenarbeit beider vollzieht« (HG, 57). Obwohl die Wissensbereiche von Geschichts- und Sozialwissenschaftlern identisch sind, hebt Elias hervor, dass im arbeitsteiligen Gefüge der Menschenwissenschaften der Geschichtswissenschaft eine besondere Funktion zukommt. Sie ist, wie Elias es bezeichnet, die »Hüterin der

Quellen« (RSG, 36), d.h. ihr obliegt es, die Gültigkeit und Zuverlässigkeit der individuellen historischen Materialien (Schriftstücke, Architekturen, Gebrauchsgegenstände etc.) zu garantieren (›Quellenkritik‹) und für diese spezifischen Dokumente adäquate Forschungsmethoden zu entwickeln. Insoweit kann den Geschichtswissenschaften ebenso wie den Sozialwissenschaften eine relative Autonomie zugesprochen werden.

Psychologie und Sozialwissenschaften

Das Forschungsprogramm der Zivilisations- und Staatsbildungstheorie basiert auf einigen Grundtatsachen des menschlich-gesellschaftlichen Lebens und auf Zusammenhängen, die sich durch empirisch-theoretische Untersuchungen belegen lassen. Das Verhältnis von Gesellschaft und Individuum ist ihr Kardinalproblem, so dass nicht zuletzt der Zusammenarbeit von Psychologen und Sozialwissenschaftlern eine besondere Bedeutung zukommt.

Elias' Studien verdeutlichen, dass von Geburt an das Leben in Figurationen, die Abhängigkeit und Angewiesenheit auf andere Menschen, mit anderen Worten die zweite soziale Geburt in eine spezifische, historische, kulturelle Welt, die über bestimmte Formen und Phasen der Sozialisation der Heranwachsenden verfügt, zu den natürlichen Voraussetzungen der soziopsychischen Entwicklung des Menschen gehört. In deren Verlauf werden gesellschaftliche Verhaltens-, Denk- und Empfindungsstandards zur sozialen Persönlichkeitsstruktur (Habitus), zur zweiten Natur des Menschen. Der individuelle Zivilisationsprozess vollzieht sich freilich schichtenspezifisch, regional und historisch differenziert innerhalb von Figurationen, deren jeweilige Codes und Standards die Ergebnisse langfristig-strukturierter ungeplanter sozialer Prozesse sind. Die sich im historischen Prozess verändernden Figurationen führen nicht nur zu sehr verschiedenen Sozialisationsprozessen und Persönlichkeitsstrukturen, sondern auch zu höchst unterschiedlichen Sozialisationsagenturen (z.B. Öffentlichkeit, Familie, Schule etc.) sowie allgemein zu einer großen Variationsbreite von Lebens- und Sozialformen. Die empirisch belegbaren Eigentümlichkeiten des Verhältnisses zwischen Individuum und Gesellschaft verdeutlichen, dass Forschungsprogramme zu diesen beiden Bereichen nicht unabhängig voneinander entworfen werden können (vgl. ÜdZ, 122ff.). Elias nannte dementsprechend den vierten Teil von *Über den Prozeß der Zivilisation*, der erst 1987 veröffentlicht wurde, *Die Gesellschaft der Individuen.*

Elias' integratives Konzept der Menschenwissenschaften richtet sich gegen »die konventionelle Trennung – wohlgemerkt die Trennung, nicht die Unterscheidung – zwischen der wissenschaftlichen Untersuchung des Menschen und der Menschen« (WiS, 139) und somit auch gegen die »institutionelle Trennung« zwischen der Psychologie und der Sozialwissenschaft, der Individual- und der Sozialpsychologie, welche »die Wahrnehmung der Untrennbarkeit gemeinsamer sozialer und einzigartiger individueller Persönlichkeitsstrukturen in einer Menschenperson [blockiert]«. Elias' Studien verdeutlichen demgegenüber, dass »die psychologischen Ebenen einer Menschenperson – Verhalten und Gefühl, Gewissen und Trieb etc. – unabänderlich durch Lernen strukturiert sind und daher gleichzeitig natürliche und soziale Eigentümlichkeiten aufweisen« (ÜdZ, 124).

Die genetisch determinierte Struktur des Menschen versteht Elias als ein allgemein-menschliches »natürliches Potential«. Sie ist eine biologisch vorgegebene Fähigkeit, Triebe und Affekte (ungelernte, elementare Impulse) in überaus vielfältiger Weise durch soziale Lernprozesse zu beherrschen, zu modifizieren und sozial zu überformen (vgl. ÜdZ., 136ff.). Eine Unterscheidung zwischen einer als Naturwissenschaft entworfenen Psychologie und einer als

Sozialwissenschaft konzipierten Sozialpsychologie existiert in Elias' integrativem Konzept folglich nicht (vgl. ÜdZ, 124).

Zusammenfassung

Mit seinem Konzept der Menschenwissenschaften widersetzt sich Elias den künstlichen Grenzziehungen und unbegründeten inter- und intradisziplinären Zwängen der einzelnen Spezial- und Bindestrichdisziplinen der Humanwissenschaften, ohne ihnen jedoch ihre spezifische relative Autonomie generell abzusprechen. Für Elias ist die Frage nach der relativen Autonomie der einzelnen Disziplinen eine empirisch-theoretische Problemstellung, die jenseits der Statusrivalitäten der unterschiedlichen Wissenschaften beantwortet werden kann. Die Autonomie der Disziplinen muss metho-disch ausgewiesen sein und ihre Rechtfertigung in spezifischen Gegenstandsbereichen finden. Mit dieser These, die die übliche Arbeitsteilung der Wissenschaften umkehrt, nimmt Elias eine Außenseiterposition ein. Obwohl Interdisziplinarität in den letzten Jahren als eine fruchtbare Perspektive erkannt worden ist, bleibt es oft bei wenig mehr als dem Postulat. Zumeist stellen Vertreter verschiedener Disziplinen und wissenschaftlicher Schulen unterschiedliche Beschreibungs- und Erklärungskonzepte unvermittelt nebeneinander. Die Entwicklung einer Synthese, welche sowohl die Stel-lung der einzelnen Forschungsperspektiven zueinander klärt als auch die einzelnen Resultate in ein umfassenderes Modell integriert, wird hierbei zumeist nicht vorgenommen. Nicht selten wird auf zukünftige Untersuchungen späterer Generationen verwiesen. Insoweit bleibt zu hoffen, dass zukünftige einzelwissenschaftliche Untersuchungen Elias' interdisziplinär orientiertes Forschungsprogramm als Rahmentheorie wählen.

Das beschriebene Defizit der Forschung verdeutlicht, dass die Synthese unterschiedlicher Perspektiven und Disziplinen nicht durch eine einfache Addition ihrer Modelle und Methoden erreicht werden kann. Ein Synthesemodell erfordert vielmehr ankopplungsfähige Theorieelemente und Teilmodellvorstellungen, die die gegenwärtigen Humanwissenschaften zum großen Teil nicht zur Verfügung stellen. Wie Elias es am Beispiel des Verhältnisses zwischen Geschichts- und Sozialwissenschaften ausdrückt: »Der Fundus des gesicherten historischen Einzelfundus wächst, aber das Wachstum des gesicherten Wissens von den Zusammenhängen der Details hält damit nicht Schritt.« (HG, 57f.) Insbesondere diejenigen Wissenschaftler, die unter dem Einfluss der Naturwissenschaften deren prestigeträchtigere Methoden und Erklärungskonzepte verwenden, verkürzen in der Forschungspraxis menschliche Phänomene, um sie ihren Methoden anzupassen, anstatt Methoden zu entwickeln, die sich zur Lösung komplexer Problemstellungen eignen. Eine integrative Rahmentheorie der Menschenwissenschaften ist demgegenüber auf eigene empirisch-theoretische Untersuchungen angewiesen, die sie weiterentwickeln und einer Überprüfung unterziehen. Elias' Studien leisten zumeist zweierlei: Zum einen sind sie empirisch-theoretische Untersuchungen zu spezifischen menschenwissenschaftlichen Problemstellungen, zum anderen sind sie Überprüfungen und Weiterentwicklungen der Staatsbildungs- und Zivilisationstheorie im engeren sowie der Prozess- und Figurationstheorie im weiteren Sinne. Seine Theorie langfristig-strukturierter sozialer und psychischer Prozesse versteht Elias konsequent als einen Beitrag zu einer »Zentraltheorie« der Menschheitsentwicklung und als einen »Bezugsrahmen« für die unterschiedlichen Menschenwissenschaften (vgl. NA, 59).

Elias' theoretisches Rahmenmodell der Menschheitsentwicklung verbindet so unterschiedliche Einzeldisziplinen wie Anthropologie, Ethnologie, Geschichte, Sozialwissenschaften und Psychologie zu einer originären Synthese. Mit diesem ehrgeizigen Konzept verfolgt Elias das Ziel, den Gesamtzusammenhang und die Richtung menschlicher Entwicklungsprozesse zu erhellen. Jeder Einzelprozess, und sei er auch noch so untergeordnet, hat in dem anfangslosen, ungeplanten »Figurationsstrom« der Menschheit seinen unverwechselbaren Stellenwert, den es in seiner Besonderheit auszumachen gilt.

Die Überlegungen dieses Kapitels sind bisher bewusst allgemein, auf einem hohen Abstraktionsniveau formuliert worden, um die Umrisse von Elias' Forschungsprogramm aufzuzeigen. Im folgenden Kapitel soll anhand von Elias' Hauptwerk *Über den Prozeß der Zivilisation* konkreter dargestellt werden, wie Individuen und Gesellschaft, Psychogenese und Soziogenese untrennbar miteinander verbunden sind. Im Mittelpunkt steht der Zivilisations- und Staatsbildungsprozess in Mitteleuropa vom 9. bis zum 18./19. Jahrhundert.

3. »Über den Prozeß der Zivilisation«

Norbert Elias leitet sein Hauptwerk *Über den Prozeß der Zivilisation* (PdZ) mit einer Untersuchung seines Schlüsselbegriffs ein. »Zivilisation« ist zum Zeitpunkt der Niederschrift des zweibändigen Werkes in den 1930er Jahren ein zusammenfassender Begriff für den Entwicklungsstand der modernen abendländischen Gesellschaft, in dem auch ein erhebliches »Selbstbewußtsein« gegenüber den weniger zivilisierten Gesellschaften der früheren historischen Epochen und gegenüber den »primitiveren« zeitgenössischen Gesellschaften anderer Länder zum Ausdruck kommt (PdZ 1, 1). Der Begriff der »Zivilisation« vereinigt in sich die Vorstellungen eines höheren Stands der Technik, der Wissenschaft, gesellschaftlicher Organisation und einer bestimmten Lebensweise. »Zivilisation« bezeichnet einen Prozess oder zumindest das Resultat eines Prozesses, der von einem großen Teil der abendländischen Bevölkerung als gesellschaftlicher Fortschritt und als Beweis der Überlegenheit gedeutet wurde.

Elias verbindet die Bedeutung des Begriffs der Zivilisation mit dem gesellschaftlichen Ort seiner Verwendung (abendländische Gesellschaften) und zeigt die Ausgrenzung der Anderen (der Primitiven) sowie die Definition und Erhöhung der Identität der eigenen Gruppe (der Zivilisierten). Die vorherrschende ahistorische Betrachtungsweise reicht zur Erklärung dieses Phänomens allerdings nicht aus: »Die Zivilisation, die wir gewöhnlich als ein Besitztum betrachten, das uns so, fertig, wie sie uns erscheint, einfach zukommt, ohne zu fragen, *wie wir* eigentlich dazu gekommen sind, ist ein Prozeß oder Teil eines Prozesses, in dem wir selbst stehen.« (PdZ 1, 74) Ein umfassenderes Verständnis der abendländischen Zivilisation erfordert dementsprechend eine Untersuchung ihrer Genese, die »die *Ordnung* der geschichtlichen *Veränderungen*, ihre Mechanik und ihre konkreten Mechanismen aufdeckt« (PdZ 1, LXXVII).

In *Über den Prozeß der Zivilisation* entwickelt Elias eine Theorie langfristiger Prozesse, die die Entwicklung des sozialen Spannungsgefüges der europäischen Nationalstaaten mit ihren spezifischen Vorstellungen von Zivilisation oder Kultur, mit ihren unterschiedlichen Verhaltensstandards und Persönlichkeitsstrukturen von den frühmittelalterlichen Feudalgesellschaften bis zu den höfisch-absolutistischen Gesellschaften des 18. Jahrhunderts analysiert. Die Frage nach der Genese der Zivilisation ist hierbei nicht mit der Frage nach ihrem Ursprung, nach ihrer Genealogie, zu verwechseln: Elias' Untersuchungen zeigen, dass gesellschaftliche Prozesse über keinen absoluten Anfangspunkt verfügen.

Elias' Buch trägt den Untertitel *Soziogenetische und psychogenetische Untersuchungen*. Der Begriff der *Psychogenese* bezeichnet die langfristige Entwicklung menschlicher Persönlichkeitsstrukturen, mit der spezifische Wandlungen des menschlichen Verhaltens einhergehen, für die Elias das Prädikat »Zivilisierung« des Verhaltens verwendet. Der Begriff der *Soziogenese* bezeichnet demgegenüber die langfristige Entwicklung gesellschaftlicher Strukturen, d.h. die Herausbildung von Strukturen gesellschaftlicher Ungleichheit (Stände, Klassen, Schichten), von Machtstrukturen und von gesellschaftlichen Ordnungsstrukturen, vor allem in Form des Staatswesens. Die innovative wissenschaftliche Leistung von Norbert Elias besteht nicht nur darin, die Grundlinien der Psychogenese und Soziogenese der abendländischen Gesellschaften herausgearbeitet zu haben, sondern auch darin, die gegenseitige

Abhängigkeit von Psychogenese und Soziogenese als interdependenter Teilbereiche des Zivilisationsprozesses zu zeigen.

Auf der Grundlage dieser spezifischen Synthese entwirft Elias zwei eng miteinander zusammenhängende Theorien: Erstens, eine Theorie des Persönlichkeits- und Verhaltenswandels, die *Zivilisationstheorie*, und zweitens eine Theorie der gesellschaftlichen Entwicklung, die *Staatsbildungstheorie*, deren entscheidendes Charakteristikum die gesellschaftliche Stabilisierung und Integration, d.h. die Herausbildung von Staaten ist. Die empirische Darstellung des Zivilisationsprozesses erfolgt im Wesentlichen im ersten Band von *Über den Prozeß der Zivilisation*, die empirische Analyse des Staatsbildungsprozesses im zweiten Band des Werkes, der auch die Synthese aus den psychogenetischen und soziogenetischen Analysen in Form des Entwurfs einer Theorie der Zivilisation enthält. Die folgende Zusammenfassung von Elias' umfangreichem und mit reichhaltigem Quellenmaterial versehenen Hauptwerk wird sich auf die wichtigsten Entwicklungsstrukturen und -phasen des europäischen Zivilisationsprozesses beschränken; die Abfolge der Unterkapitel orientiert sich an dem von Elias selbst gewählten Argumentationsgang.

Zusammengefasst lautet Elias' Argumentation wie folgt: Der langfristige Gesellschaftsprozess ist durch eine zunehmende sozio-ökonomische Differenzierung (Funktions- und Arbeitsteilung) gekennzeichnet, die sich aus dem Wettbewerbsdruck und dem damit verbundenen Zwang zur Produktivitätssteigerung ergibt. Differenzierung bedeutet, dass es eine Zunahme an Teilfunktionen gibt, die aufeinander bezogen und voneinander abhängig sind. Die einzelnen Handlungen und Vorgänge müssen immer besser miteinander abgestimmt und synchronisiert werden. Kurz: Mit der zunehmenden Differenzierung steigt das Niveau der gesellschaftlichen Interdependenz, d.h. der gegenseitigen Abhängigkeit der einzelnen Menschen und der gesellschaftlichen Einheiten, die sie formen.

Mit der Ausdifferenzierung von immer mehr Teilfunktionen werden die Abhängigkeits- und Wirkungsketten länger. Das Handeln in längeren Abhängigkeits- und Wirkungsketten erfordert jedoch ein berechenbares, reguliertes und kontrolliertes Verhalten jedes Einzelnen. Elias weist nun anhand soziohistorischer Untersuchungen nach, dass sich die Form menschlichen Verhaltens tatsächlich im Laufe der gesellschaftlichen Entwicklung wandelt, dass spontanes, trieb- und affektgeleitetes Handeln zunehmend durch ein reguliertes Verhalten ersetzt wird, das erlernten Selbstzwängen unterworfen ist. Die Rück- und Voraussicht, die das Handeln in komplexeren Abhängigkeitsgeflechten erfordert, wird als Automatismus, als Apparatur der Selbstkontrolle zum Element der menschlichen Persönlichkeitsstruktur.

Die Kontrolle der eigenen Triebe und Affekte, die Entwicklung eines weitsichtigeren, vielleicht auch »rationaleren« Verhaltens, das einem hohen Niveau an gesellschaftlicher Differenzierung und Interdependenz Rechnung trägt, bezeichnet Elias als den »Prozeß der Zivilisation«. Kontrollierteres, »zivilisierteres« Verhalten ermöglicht wiederum – und damit schließt sich der Kreis – eine weitere gesellschaftliche Differenzierung, so dass beide Prozesse, Soziogenese und Psychogenese, sich gegenseitig bedingen und befördern.

Gesellschaftliches Zusammenleben in der heutigen Form, nämlich in Form von Staaten mit ihren stabilen Regeln, Institutionen und, vor allem, mit ihrem Gewaltmonopol, das den inneren Frieden sichert, ist erst ab einem bestimmten Niveau der Zivilisierung des individuellen Verhaltens möglich, zu dem auch wirkungsvolle Selbstkontrolle der Aggressivität gehört.

Zur Psychogenese: Die Zivilisierung des Verhaltens

Der Begriff »Zivilisation« geht auf die französische Bezeichnung »civilité« für die feinen, höfischen Sitten zurück, und »civilité« leitet sich wiederum aus dem lateinischen Titel eines im Jahre 1530 erschienenen Büchleins von Erasmus von Rotterdam ab: *De civilitate morum puerilium*, in modernem Deutsch etwa »Über die guten Sitten der Kinder«. Diese kleine Schrift des Erasmus von Rotterdam stellt zusammen mit zahlreichen anderen Anstands- und Manierenbüchern eine der wesentlichen Quellen für Elias' psychogenetische Untersuchungen dar.

Anstands- und Manierenbücher muten auf den ersten Blick als ungewöhnliche historische Quellen an, stützt sich die traditionelle Geschichtswissenschaft doch hauptsächlich auf »harte«, rechtsrelevante Urkunden und Dokumente. Will man jedoch keine Herrschafts- und Faktengeschichte, sondern Alltagsgeschichte betreiben, will man Informationen über das soziale Verhalten von Menschen in längst vergangenen Zeiten gewinnen, so liefern Manierenbücher neben belletristischer Dichtung (z.B. dem Minnesang) und bildlichen Darstellungen, die Elias ebenfalls auswertet, die wohl besten Zeugnisse über das tatsächliche Verhalten und die jeweils neuen, von eben diesen Anstandsbüchern verfochtenen Standards. Die langfristige Entwicklung und Verfeinerung dieser Standards ist genau das Thema der Zivilisationstheorie.

Indem Elias zunächst freizügig und in großer Breite aus diesen Quellen über die mittelalterlichen Tischsitten, über das Schneuzen, über körperliche Verrichtungen zitiert, löst er bei dem modernen Leser jenen Schock aus, der den Anfang jeder soziologischen Analyse darstellt: Das Selbstverständliche, Elias würde sagen, das selbstverständlich Gewordene, wird infrage gestellt. Unser heutiges Verhalten ist keineswegs »natürlich«, dem

Menschen eigen, sondern nur das Zwischenergebnis eines jahrhundertelangen Prozesses der Modellierung der menschlichen Psyche, dessen einzelne Schritte immer wieder in zeitgenössischen Quellen festgehalten worden sind. Elias demonstriert die Richtung dieses Modellierungsprozesses am Beispiel des Verhaltens beim Essen, der Einstellung zu den natürlichen Bedürfnissen, des Schneuzens, des Spuckens, des Verhaltens im Schlafraum, der Einstellung zu den Beziehungen von Mann und Frau sowie der Aggressivität.

Das Muster des Wandlungsprozesses ist immer gleich: Zu Beginn des analysierten Zeitraums, im frühen Mittelalter, ist das Verhalten relativ unreguliert, von spontanen Affekten und Trieben bestimmt. Man isst mit den Fingern, die man sich vorher keineswegs gewaschen hat; man schlingt die Speisen herunter und wirft die abgenagten Knochen zurück in die Schüssel oder auf den Boden. Man schneuzt sich in die bloßen Hände, in die Kleider oder auch schon mal in das Tischtuch. Dass die »hübschen«, d.h. höfischen, wohlerzogenen Leute dies alles nicht mehr tun sollen, sagt beispielsweise der Dichter Tannhäuser (ca. 1205-1270) in seiner *Hofzucht*, die eines der frühesten Manierenbücher darstellt (PdZ 1, 80ff.). Dieses triebbestimmte Verhalten ändert sich während des Mittelalters wenig, sieht man einmal davon ab, dass etwas später die Forderung auftaucht, nicht mehr auf den Tisch, sondern nur noch unter den Tisch oder an die Wand zu spucken. Erst gegen Ende des Mittelalters verfeinern sich die Sitten. Beispielsweise beginnen ab dem 16. Jahrhundert die Angehörigen der adeligen Oberschichten, zunächst in Italien, dann in Frankreich, schließlich auch in England und in Deutschland, mit der Gabel zu essen – was im 11. Jahrhundert, als sich eine byzantinische Prinzessin in Venedig erdreistete, ihre Speisen mithilfe einer zweizackigen Gabel in den Mund zu führen, noch zu einem »furchtbaren Skandal« geführt hatte, der den Vorwurf der Gotteslästerung einschloss (PdZ 1, 87).

Eine neue Qualität gewinnen die Manierenlehren in der Renaissance, deren Geist sich in der erwähnten Schrift des Erasmus von Rotterdam ausdrückt. Das eigentlich Neue ist nicht nur, dass nun das bislang übliche Verhalten als »unzivilisiert« hingestellt und verboten wird. Neu ist vor allem, dass man gehalten ist, das eigene Verhalten zu beobachten und entsprechend den neuen Vorschriften zu regulieren. Im Verhalten wie überhaupt in der äußeren Erscheinung, so heißt es, spiegele sich die Seele des Menschen. Diese neue Weise, sich und andere zu beobachten und aus dieser Beobachtung auf ihre Motive zu schließen, deutet Elias (PdZ 1, 101) als »eine neue Beziehung von Mensch zu Mensch, eine neue Integrationsform«, die ein gestiegenes Niveau der gesellschaftlichen Interdependenz widerspiegelt: »Die verstärkte Neigung der Menschen, sich und andere zu beobachten, ist eines der Anzeichen dafür, wie nun die ganze Frage des Verhaltens einen anderen Charakter erhält: Die Menschen formen sich und andere mit größerer Bewußtheit als im Mittelalter.« (PdZ I, 102)

Diese Verhaltensbeobachtung und -regulation beschleunigt sich in den folgenden Jahrhunderten und erreicht in der »étiquette« der höfischen Gesellschaft einen vorläufigen Höhepunkt. Anders als im Mittelalter ist das Verhalten jetzt in hohem Maße verfeinert und durchreguliert. Nicht mehr spontane Triebe und Affekte bestimmen das Verhalten, sondern gesellschaftliche Regeln von Sitte und Anstand: »Man sieht differenzierter, d.h. mit stärkerer Zurückhaltung der eigenen Affekte.« (PdZ 1, 91) Man isst, zumindest in der höfisch-aristokratischen Gesellschaft, nicht mehr aus der gemeinsamen Schüssel, sondern von eigenen Tellern; man benutzt kostbares Essbesteck, man beginnt Servietten zu verwenden und man parliert während des Essens in gewählter, streng kontrollierter Sprache. Das Benehmen scheidet nun neu von alt, zivilisiert von unzivilisiert, Oberschichten von Unterschichten. Stets sind es die gesellschaftlichen Oberschichten, die zuerst von einem neuen Schub der Verhaltensregulation erfasst werden, bevor die verfeinerten Manieren in die Mittel- und Unterschichten diffundieren (PdZ II, 338). Ähnliche Zivilisierungskurven zeichnet Elias für die körperlichen Verrichtungen auf, die erst ab der Renaissance mit Empfindungen von Scham und Peinlichkeit belegt und – genauso wie die Sexualität – »hinter die Kulissen« des gesellschaftlichen Verkehrs, in die Privatsphäre der Kleinfamilie, verlagert werden (PdZ 1, 222).

Diesen säkularen Verhaltenswandel lediglich als graduelle Verfeinerung zu deuten wäre eine Unterschätzung seiner Qualität. Die Verhaltensregulation ist vielmehr das Resultat einer tiefgreifenden *Persönlichkeitsmodellierung*, für die der Begriff der Psychogenese angemessen ist. Was diesen Verhaltenswandel charakterisiert, ist die permanente Zurückdrängung der Triebe und Affekte als Regelungsmechanismen des menschlichen Verhaltens. Mit der zunehmenden gesellschaftlichen Differenzierung und Integration muss die Spontaneität des trieb- und affektbestimmten Verhaltens reguliert und kanalisiert werden, damit das Zusammenleben funktionieren kann. Dies gilt für die Sexualität und für die Aggressivität ebenso wie für die körperliche Hygiene. Das Verhalten des Einzelnen muss kalkulierbarer und berechenbarer werden, was eine permanente Kontrolle der Triebe und Affekte erforderlich macht.

Ein neuer Schub von Affektkontrolle erfolgt zunächst durch gesellschaftliche Verbote und Sanktionen, d.h. durch Fremdzwänge. Um auf Dauer wirksam zu werden, müssen sich diese Fremdzwänge jedoch in *Selbstzwänge* verwandeln, die automatisch und blind, unabhängig von situationsabhängigen Sanktionen wirksam sind. Elias bezeichnet den Prozess, in dem diese Affektregulation ansozialisiert wird, als »Konditionierung auf den bestehenden gesellschaftlichen Standard« (PdZ 1, 329). Diese Konditionierung erfolgt durch die Ausbildung einer psychischen Struktur, die umgangssprachlich als »Gewissen«, als »Vernunft« oder, in Anlehnung an Freud, auch als gesellschaftliches »Über-Ich« bezeichnet wird:

»Die gesellschaftlichen Beziehungen der Menschen lagern sich in einer Weise um, daß die Zwänge, die die Menschen aufeinander ausüben, sich in dem Einzelnen immer ausgeprägter in Selbstzwänge verwandeln; die Über-Ich-Bildung wird immer fester. Es ist mit einem Wort jener Sektor des Individuums, der den gesellschaftlichen Code repräsentiert, es ist das eigene Über-Ich, das heute den Einzelnen dazu anhält, sich regelmäßig zu waschen und zu säubern. « (PdZ I, 329)

Dieses »Über-Ich« als ansozialisierte Selbstkontrollapparatur reflektiert gesellschaftliche Notwendigkeiten; es ist, wie Elias es ausdrückt, in seinem Wesen »soziogen« (PdZ 1, 324).

Mag man die Analysen zu den Tischsitten, zum Schneuzen und Spucken noch als anekdotenhaft belächeln,[56] so wird die gesellschaftstheoretische Relevanz der Interdependenz von Soziogenese und Psychogenese jedoch an den Analysen zur Entwicklung der Aggressivität vollends deutlich. Das Mittelalter und, mehr noch, die Zeit der Völkerwanderung waren geprägt von weithin unregulierter, triebhafter Aggressivität. Die historischen Quellen, die Elias auswertet, zeichnen Bilder von Rittern, »die ihr Leben damit verbringen« zu plündern, zu zerstören, zu rauben, zu töten, Unschuldige zu verstümmeln und zu quälen (PdZ 1, 267). Diese Affektentladungen waren keineswegs ungewöhnlich oder krankhaft, sondern gehörten zum akzeptierten Standard einer Kriegergesellschaft:

»Die Grausamkeitsentladung schloß nicht vom gesellschaftlichen Verkehr aus. [...] Die Freude am Quälen und Töten anderer war groß, und es war eine gesellschaftlich erlaubte Freude. [...] Bis zu einem gewissen Grade drängte sogar der gesellschaftliche Aufbau in diese Richtung und machte es notwendig, ließ es als zweckmäßig erscheinen, sich so zu verhalten.« (PdZ 1, 268)

Die spontane, affektgeleitete Aggressivität erweist sich unter gesellschaftlichen Bedingungen, in denen plötzliche Überfälle, Raubmorde und Kriege alltägliche Bedrohungen darstellen, als Selektionsvorteil: »Die stärkere Affektivität des Verhaltens war bis zu einem gewissen Grade gesellschaftlich notwendig. Man verhielt sich gesellschaftlich zweckmäßig und fand seine Lust dabei.« (PdZ 1, 269) Aggressivität und Gewalttätigkeit sind funktionale Notwendigkeiten von Gesellschaften, die sich auf einem niedrigen Niveau von Ordnung und Integration befinden. Die impulsive, affektive Aggressivität ist notwendig zur Verteidigung, zur Ressourcen- und zur Herrschaftssicherung. In Gesellschaften, in denen die Gewaltausübung sozial kaum reguliert ist, ist daher auch die individuelle Aggressivität kaum reguliert.

In pazifizierten Gesellschaften hingegen, in denen eine stabile Ordnungsmacht dem Einzelnen soviel Sicherheit bietet, dass er selber auf Gewalt verzichten kann, wird die Kontrolle und Regulation der Aggressivität zur unabdingbaren Voraussetzung des Zusammenlebens. Affektkontrolle ist jedoch nur dann effektiv, wenn sie durch Selbstzwänge erfolgt, die aggressive Impulse blockieren bzw. aggressive Affekte bereits im Keim ersticken. Die Voraussetzung für die psychische Regulation der Gewaltausübung ist indes die gesellschaftliche Regulation der Gewalt in Form eines staatlichen Monopols jeglicher Gewaltausübung.

Zur Soziogenese: Die Herausbildung des Staatswesens

Der Staat ist heute der Inbegriff gesellschaftlicher Ordnung. Regierung und Verwaltungsapparat, Gesetze und Polizeigewalt sind Institutionen, die das gesellschaftliche Zusammenleben regulieren, den einzelnen zur Affektkontrolle *zwingen* und es ihm gleichzeitig *ermöglichen*, seine Affekte zu regulieren. Die Psychogenese der Affektregulierung entspricht der Soziogenese des Staates.

Was aus heutiger Perspektive an der europäischen Gesellschaft des frühen Mittelalters sofort auffällt, ist, dass es weder Staaten noch Völker oder Nationen gab, »wenn man darunter in irgendeinem Sinne einheitliche, geschlossene und stabile soziale Gebilde versteht« (PdZ II, 16). Größere Reiche, die immer wieder durch militärische Eroberung zustande kamen, zerfielen stets sehr schnell, so etwa das Reich Karls des Großen bereits zu seinen Lebzeiten. Die Instabilität der frühmittelalterlichen Reiche, die Stärke ihrer, wie Elias es nennt, »zentrifugalen« Tendenzen, resultierte aus dem geringen Grad ihrer gesellschaftlichen Differenzierung und Organisation.

Im Mittelalter verfügten die Könige noch nicht über die Herrschaftsmittel, die erforderlich waren, um ein großes Territorium zu verwalten. Die dominierende Wirtschaftsform war die Land- und Naturalwirtschaft auf einem geringen Niveau von Arbeitsteilung. Die wichtigste Ressource war der Boden; Geld war erst in geringem Umfang vorhanden. Es gab keine Steuerquellen, aus denen der König ein stehendes Heer oder eine Verwaltung hätte finanzieren können: »Solange naturalwirtschaftliche Beziehungen in der Gesellschaft vorherrschten, war die Ausbildung eines straffer zentralisierten Beamtentums, eines stabilen, vorwiegend mit friedlichen Mitteln arbeitenden und ständig von der Zentrale dirigierten Herrschaftsapparats kaum möglich.« (PdZ II, 32)

Der König musste daher die Verfügungsgewalt über Teilgebiete seines Reiches an Vasallen delegieren, deren Dienste er mit der einzigen Ressource belohnte, über die er verfügte, nämlich mit Boden. Es waren seine Vertrauten, Ministeriale, Grafen, Herzöge, Barone oder welche Titel sie auch besaßen, die bestimmte Gebiete als Lehen erhielten und innerhalb dieser Gebiete als Territorialherren fungierten, d.h. als Befehlshaber im militärischen und im ökonomischen Sinne.

Als Territorialherren und Bodenverwalter waren diese Vasallen jedoch ökonomisch relativ autark. Sie waren nicht auf den Zentralherrn angewiesen, zumindest so lange nicht, wie sie ihn nicht zum militärischen Schutz gegen eine äußere Bedrohung brauchten. Deshalb versuchten die Lehnsherren stets, ihr Herrenrecht über das verliehene Gebiet nicht nur nach innen zu verteidigen, sondern auch gegenüber dem Zentralherrn selbst auszuüben, sich von ihm unabhängig zu machen. Es war diese zentrifugale Verselbständigungstendenz der Vasallen, welche die durch Eroberung zustande gekommenen Reiche immer wieder von innen heraus zerfallen ließ. Diese Dezentralisierung bezeichnet Elias als den *Prozess der Feudalisierung*, der sich durch folgende allgemeine Gesetzmäßigkeit charakterisieren lässt: »Die Stärke der zentrifugalen, auf lokale, *politische* Autarkie gerichteten Tendenzen in den vorwiegend natural wirtschaftenden Gesellschaften entspricht dem Grad der lokalen, *ökonomischen* Autarkie.« (PdZ II, 35)

Die Herrschaftsgeschichte des gesamten Mittelalters war ein ständiges Oszillieren von Zentralisierung und Dezentralisierung. Jahrhundertelang gab es immer wieder kriegerische Zentralherren, die ein Reich eroberten, das sie, weil sie es nicht verwalten konnten, an Lehnsleute delegieren mussten, die jedes Zeichen von Schwäche nutzten, um sich vom Zentralherrn unabhängig zu machen. Dessen Macht nahm wiederum in Zeiten zu, in denen die einzelnen Territorialherren ihn zur Verteidigung gegen einen Nachbarn oder eine äußere Bedrohung benötigten.

Als »Staaten« lassen sich diese instabilen Reiche noch nicht bezeichnen. Die Ausbildung eines stabilen Herrschaftsapparates war in dieser Phase natural wirtschaftender Gesellschaften noch nicht möglich. In Naturalwirtschaften, in denen der Boden die einzige Ressource darstellt, ist ökonomische Expansion weitgehend identisch mit Flächenexpansion, d.h. mit militärischer Eroberung. Eine neue Phase der sozioökonomischen Entwicklung tritt ab dem 11. Jahrhundert auf, als nicht nur die äußere Expansion (Eroberung, Besiedlung), sondern auch die innere Expansion (z.B. Rodung) angesichts der wachsenden Bevölkerungsdichte an ihre Grenzen stößt, weil allmählich sämtlicher landwirtschaftlich nutzbarer Boden aufgeteilt war. Während die Feudalherren weiterhin ihr Spiel der Eroberung und Verselbständigung trieben, sich z.T. auch auf Kreuzzüge begaben, weil es in Europa kein freies Land mehr gab, waren es bemerkenswerterweise die gesellschaftlichen Unterschichten, die die Entwicklung vorantrieben.

Die einzige Chance der vom Boden abgedrängten Unfreien lag in der *Differenzierung* der nicht direkt vom Boden abhängigen Arbeit, mit anderen Worten in der Entwicklung von Handwerk, Gewerbe und Handel außerhalb des agrarischen Sektors, in den sich bildenden Städten. Mit der *ökonomischen* Differenzierung in Landarbeit sowie Handwerk und Handel, mit der *räumlichen* Differenzierung in Land und Stadt entsteht auch eine neue *soziale* Differenzierung zwischen Adel und bäuerlicher Landbevölkerung einerseits und dem städtischen Bürgertum andererseits. Im Gefolge der wachsenden wirtschaftlichen Macht der Städte emanzipiert sich das Bürgertum auch politisch von den Lehnsherren und bildet einen neuen Stand von Freien (PdZ II, 60ff.). Mit der Arbeitsteilung wächst auch der Bedarf nach Austausch, nach Märkten und nach einem abstrakten Tauschmittel, d.h. nach Geld. Die Naturalwirtschaft wird allmählich abgelöst durch eine Geldwirtschaft. Gleichzeitig gewinnt der Fernhandel an Bedeutung; Transportmittel und Transportinfrastrukturen (Straßen, Häfen) werden geschaffen.

Diese Differenzierungsprozesse steigern das Niveau der Interdependenz zwischen den sich ausdifferenzierenden Teilfunktionen und den sich ebenfalls ausdifferenzierenden sozialen Gruppen und Einheiten, zwischen Stadt und Land, verschiedenen, miteinander Handel treibenden Regionen, zwischen den verschiedenen Berufsgruppen und ihren Korporationen, den Zünften und Gilden. Die Ausdifferenzierung der Stände, des Adels, des Klerus und des Bürgertums schafft wiederum neue politische Interdependenzen. Um das komplexer werdende Ineinandergreifen der interdependenten Teilfunktionen und -einheiten reibungslos bewältigen zu können, müssen entsprechende immaterielle Infrastrukturen geschaffen werden, unter denen das Geld als abstraktes Tauschmittel und das Recht als überindividuell gültiges, kalkulierbares System von Verhaltensnormen die wichtigsten darstellen (vgl. PdZ II, 81 f., 466 f.). Diese gestiegenen Interdependenzen sind es, die die im Laufe des Zivilisationsprozesses zunehmende Affektkontrolle einerseits erfordern und andererseits ermöglichen. Allmählich bilden sich auf diese Weise die ökonomischen, infrastrukturellen, soziogenetischen und psychogenetischen Voraussetzungen für jene Stabilisierung territorialer Herrschaft heraus, die man als »Staat« bezeichnet.

Die Soziogenese des Staates erwächst aus dem Wechselspiel von Zentralisierung und Dezentralisierung im Feudalismus. Die feudalen, miteinander benachbarten Territorialherren befinden sich in einer Konkurrenzsituation, die jeden Einzelnen dazu zwingt, zu expandieren, wenn er nicht selber von seinen expandierenden Nachbarn besiegt oder abhängig werden will. Die einzelnen Landesherren befinden sich in einer spezifischen Verflechtungssituation – Elias prägt dafür später den Begriff »Figuration« –, die sie dazu zwingt, gegeneinander zu kämpfen. Aus der Interdependenz der Angehörigen einer solchen Konkurrenzfiguration ergibt sich zwangsläufig ein nahezu gesetzmäßig ablaufender Prozess, den Elias als den »Mechanismus der Monopolbildung« bezeichnet:

»Wenn in einer größeren, gesellschaftlichen Einheit [...] viele der kleineren, gesellschaftlichen Einheiten, die die größere durch ihre Interdependenz bilden, relativ gleiche, gesellschaftliche Stärke haben und dementsprechend frei konkurrieren können, also vor allem um Subsistenz- und Produktionsmittel, dann besteht eine sehr große Wahrscheinlichkeit dafür, daß einige siegen, andere unterliegen und daß als Folge davon nach und nach immer weniger über immer mehr Chancen verfügen, daß immer mehr aus dem Konkurrenzkampf ausscheiden müssen und in direkte oder indirekte Abhängigkeit von einer immer kleineren Anzahl geraten.« (PdZ II, 144)

Mit anderen Worten: Jede Konkurrenzfiguration weist eine immanente Tendenz zur Monopolbildung auf, die sich daraus ergibt, dass die Wahrscheinlichkeit, dass alle Beteiligten sich in einer Gleichgewichtslage halten, außerordentlich gering ist. Wenn es jedoch einem Beteiligten gelingt, einen Konkurrenten zu besiegen, erhöht sich seine Stärke gegenüber den anderen. Mit jedem weiteren Sieg akkumuliert sich die Macht, bis schließlich einer oder eine kleine Gruppe der Kontrahenten über ein Monopol verfügt und alle anderen abhängig sind.

Dieser Monopolmechanismus, der heute vor allem im Bereich der Wirtschaft zu beobachten ist, bestimmte auch die Bahnen, in denen die Ausscheidungskämpfe der mittelalterlichen Territorialherren verliefen. Auch sie, die Fürsten, Herzöge, Grafen und Könige, bildeten eine Konkurrenzfiguration, in der prinzipiell jeder gegen jeden kämpfen musste, um nicht selbst niedergekämpft zu werden. Auch hier gelang es Einzelnen immer wieder, durch militärische Eroberung, durch Kauf, durch Koalition oder durch Heirat große Territorien zu akkumulieren. Diese Monopole sind zunächst Territorien, also Bodenmonopole – das Reich Karls des Großen, das Heilige Römische Reich Deutscher Nation oder eines der vielen anderen Imperien. Diese Bodenmonopole fielen jedoch in der naturalwirtschaftlichen Epoche immer wieder den Verselbständigungstendenzen der Vasallen zum Opfer. Die zentrifugalen Kräfte gewannen mehr oder weniger rasch die Oberhand, die Reiche zerfielen in viele kleine Besitztümer, und der Konkurrenz- und Monopolmechanismus kam erneut in Gang.

Die territoriale Verfügungsgewalt konnte erst dann stabilisiert werden, als es den Zentralherren gelang, zusätzlich zum *Bodenmonopol* das *Gewaltmonopol* und – damit eng verbunden – das *Steuermonopol* zu erwerben. Das Monopol der physischen Gewaltausübung ist eine unmittelbare Voraussetzung der Herrschaftssicherung nach innen. Die Monopolisierung der Gewalt setzt jedoch entsprechende Herrschaftsmittel voraus: ein stehendes Heer, mit dem man jeden Aufstand, jedes Aufbegehren eines Vasallen zu unterdrücken vermag, und einen Polizeiapparat, wie wir es heute nennen würden, der das Gewaltmonopol gegenüber den Untertanen vertritt. Diese Zentralisierung der militärischen Macht muss jedoch finanziert werden, was wiederum ein Abgaben- und Steuermonopol voraussetzt. Damit die Abgaben eingetrieben werden können, benötigt der Zentralherr jedoch die unumschränkte physische Macht, so wie eine florierende Wirtschaft, die ein hohes Steueraufkommen ermöglicht, den inneren Frieden benötigt, der nur durch ein zentrales Gewaltmonopol gewährleistet werden kann. Mit einem Wort, Gewalt- und Steuermonopol sind interdependent: »Die finanziellen Mittel, die zur

Verfügung dieser Zentralgewalt zusammenströmen, halten das Gewaltmonopol aufrecht, das Gewaltmonopol hält das Abgabenmonopol aufrecht.« (PdZ II, 142)

Erst wenn das Bodenmonopol durch ein Gewalt- und Steuermonopol stabilisiert werden kann, lässt sich von einem »Staat« im modernen Sinne sprechen. In dem Maße, in dem es den einzelnen Zentralherren allmählich gelingt, ihre Herrschaft über das Territorium immer besser zu sichern, tritt der Mechanismus der Monopolbildung in eine zweite Phase ein, die Elias als die »Vergesellschaftung der Monopole« bezeichnet. Scheint es zunächst noch so, als unterstände das Gewalt- und Steuermonopol der persönlichen Verfügungsmacht, dem persönlichen Haushalt des Herrschers, so muss sich dieser nolens volens der Notwendigkeit beugen, einen *Verwaltungsapparat* einzurichten, der sich allmählich aus seinem Hof entwickelt. Je größer das beherrschte Gebiet ist, je größer die Militärmacht und je effektiver die Steuereintreibung sein soll, desto unumgänglicher ist der Aufbau eines arbeits- und funktionsteiligen Apparats zur Herrschaftsverwaltung, eines Staatsapparats. Mit diesem Verwaltungsapparat entgleitet dem Herrscher jedoch allmählich die faktische Verfügungsmacht über Militär und Haushalt; seine Abhängigkeit vom Verwaltungsstab wächst ebenso wie die fixen Kosten, die die Monopolverwaltung selbst verursacht:

»Je umfassender die monopolisierten Chancen werden, je größer und arbeitsteiliger das Geflecht der Menschen wird, die als Funktionäre an der Bewirtschaftung der Monopolchancen Teil haben oder von deren Arbeit, von deren Funktion der Bestand des Monopols in irgendeiner Hinsicht abhängig ist, desto stärker macht dieses ganze Herrschaftsfeld des Monopolisten ein Eigengewicht und eine Eigengesetzlichkeit geltend [...] Das Privatmonopol Einzelner vergesellschaftet sich; es wird zu einem Monopol ganzer Gesellschaftsschichten, zu einem öffentlichen Monopol, zum Zentralorgan eines Staates.« (PdZ II, 147f.)

Elias bezeichnet die Tendenz zur faktischen Vergesellschaftung von Monopolen als ein »Eigengesetz« differenzierter Gesellschaften. Sie ist eine »Funktion der gesellschaftlichen Interdependenz«, denn Interdependenz bedeutet, dass nicht nur die Beherrschten vom Herrscher abhängig sind, sondern andererseits auch der Herrscher auf seine Untertanen angewiesen ist (PdZ II, 152). Zu dieser Angewiesenheit gehört auch, dass der Herrscher nicht mehr frei über die Erträge seines Monopols verfügen kann, sondern dass er einen wachsenden Teil an die »Beamten« verteilen muss, die sein Herrschaftsgebiet verwalten.

Das Gleiche gilt für die individuelle Affektkontrolle: So wie das funktionsteilige Staatswesen die Untertanen und Mitglieder des Verwaltungsstabes zur Regulierung ihres Verhaltens zwingt, so muss sich auch der Alleinherrscher zunehmend zur Zurückhaltung zwingen, um das komplexer werdende Interdependenzgeflecht, das seinen Staat definiert und stabilisiert, nicht durch Affekthandlungen aus dem Gleichgewicht zu bringen.

In dieser Phase der Vergesellschaftung der Monopole verlagert sich der Konkurrenzkampf auf eine andere Ebene. In der ersten Phase des Monopolbildungsprozesses wurde um den *Zugang* zu bestimmten Chancen, z.B. Boden, gekämpft. Mit der Zentralisierung und Stabilisierung des Monopols ist eine Schließung des Zugangs zu diesen Chancen verbunden; das Monopol als solches ist nicht mehr gefährdet. In der zweiten Phase wird vielmehr innerhalb des Monopols um die *Verteilung* der Chancen gekämpft. Diese neue, innere Konkurrenz ist jetzt aber keine freie Konkurrenz mehr, sondern sie ist monopolistisch gebunden durch die Verfügungsmacht des Zentralherrn. In den sich herausbildenden Staatsgebilden kämpft man nicht mehr mit militärischer Gewalt um wirtschaftliche Chancen, sondern mit dem »Mittel der wirtschaftlichen Gewalt« (PdZ II, 155).

Innerhalb der Königreiche, die sich in der Neuzeit durch ein Gewalt- und Steuermonopol zu stabilisieren vermochten, kämpfen jetzt die einzelnen Angehörigen der Landstände, also die verschiedenen Gruppen des Adels, des Klerus und auch des aufkommenden Bürgertums gegeneinander um die Gunst des Königs, um Einfluss, um Geld und um Besitztümer, und sie kämpfen nach wie vor auch gegen den König selbst. Der König muss seine Position als Zentralherr und Monopolist weiterhin gegen die zentrifugalen Tendenzen verteidigen, die seine Herrschaft noch immer bedrohen. Als Zentralherr befindet sich der König jedoch an der entscheidenden Schaltstelle, um diese Konkurrenz zu seinem Vorteil zu steuern. Dies gelingt ihm, wenn er das Geflecht der verschiedenen gegeneinander und gegen ihn kämpfenden Einzelnen und Interessengruppen in eine Struktur überführt, die Elias als »Königsmechanismus« bezeichnet. Dieser Königsmechanismus besteht darin, dass der König seine Verteilungsmacht dazu benutzt, die einzelnen Gruppen innerhalb seines Staates so gegeneinander auszuspielen, dass sie ihre Kräfte gegenseitig verschleißen und dass keine Gruppe so stark wird, dass sie sich gegen ihn selbst wenden kann. Die Maxime des königlichen Handelns ist, das Gleichgewicht der Kräfte zwischen allen Kontrahenten zu wahren:

»Die Stunde der starken Zentralgewalt innerhalb einer reich differenzierten Gesellschaft rückt heran, wenn die Interessenambivalenz der wichtigsten Funktionsgruppen so groß wird und die Gewichte sich zwischen ihnen so gleichmäßig verteilen, daß es weder zu einem entschiedenen Kompromiß noch zu einem entschiedenen Kampf und Sieg zwischen ihnen kommt.« (PdZ II, 236)

Es ist letztlich das alte Prinzip des »Teile und herrsche!«, das dem König in dieser Phase eine Machtposition verschafft, die so treffend mit dem Begriff »Absolutismus« bezeichnet wird. In Frankreich, wo sich der Absolutismus zuerst entwickelte, hatte der König im Wesentlichen zwei Interessengruppen gegeneinander auszuspielen und in Schach zu halten: den alten Adel und das aufkommende Bürgertum. Noch kämpfen die Bürgerlichen jedoch nicht geschlossen gegen den Adel als Stand, weil sie selber von der Institution der ständischen Privilegien (z.B. Zunftrechte, Marktrechte, Kaufmannsprivilegien) abhängig sind. Vielmehr rivalisieren einzelne Bürgerliche mit einzelnen Adligen und streben danach, selber vom König den Adelstitel, Privilegien und Hofämter verliehen zu bekommen. Dies sind die Chancen, die der König zu verteilen hat, und genau diese Verteilungsmacht stabilisiert seine Position.

In dieser Situation stellt der Königshof das entscheidende Instrument dar, mit dem sich der französische Absolutismus eines Ludwig XIV. etablieren konnte. Der Königshof verfolgt in zweifacher Hinsicht das Ziel der Disziplinierung: Erstens müssen die Höflinge ständig präsent sein, damit sie um die Chancen, die der König zu vergeben hat, kämpfen können – wobei dieser Kampf nicht mehr mithilfe physischer Gewalt, sondern mit dem Mittel der Intrige ausgefochten wird. Durch diese Präsenz wird die Position der Höflinge in ihren entfernten Domänen geschwächt; die Tendenz zur Verselbständigung wird unterbunden. Zweitens gestaltet Ludwig XIV. das Hofleben außerordentlich kostspielig, nachdem bereits seine Vorgänger die Vergabe von Hofämtern an entsprechende Bezahlung gebunden hatten. Auch diese Ausgaben nehmen den Adligen den Spielraum, wirken zentrifugalen Tendenzen entgegen. Diese monetäre Macht erlaubt es dem König auch, das ökonomisch potente Bürgertum zur Disziplinierung des Adels zu nutzen. Umgekehrt stärkt der König, wenn später das Bürgertum die Oberhand zu gewinnen droht, den Adel durch Schenkungen und die Vergabe von Privilegien: »Dieser Hof ist ein Instrument zur Beherrschung des Adels und gleichzeitig ein Instrument seiner Versorgung.« (PdZ II, 268)

Die Steuerungs- und Machterhaltungsfunktion der Vergabe ökonomischer Chancen macht auch deutlich, warum die Stabilisierung absolutistischer Staaten die Herausbildung einer Geldwirtschaft und eines Steuermonopols voraussetzte. Erst wenn der Teil des Sozialprodukts, der in monetären Steuern erhoben werden kann, so groß ist, dass die Spitzenschichten von seiner Verteilung abhängig sind, vermag der König seine Steuerungsposition kraft seines Gewalt- und Steuermonopols dauerhaft zu stabilisieren.

Der Königsmechanismus ist nicht nur interessant, weil er erklärt, wie es zur Stabilisierung der staatlichen Zentralgewalt kam. Er bietet darüber hinaus Einsichten in die Verflechtungsdynamik von interdependenten sozialen Gruppen. Allgemein gesprochen handelt es sich bei dem Königsmechanismus um eine *Verflechtungsfigur* (PdZ II, 240), die dadurch gekennzeichnet ist, dass sich verschiedene, gegeneinander konkurrierende gesellschaftliche Einheiten an sozialer Stärke dauerhaft die Waage halten, weil es einen Zentralherrn gibt, der diese delikate Machtbalance durch die gezielte Vergabe von Chancen zu stabilisieren vermag. Das Interessante ist, dass keiner der Beteiligten aus dieser Figuration auszubrechen vermag, dass alle voneinander abhängig sind: Die monopolistisch gebundenen Konkurrenten können sich gegenseitig nicht besiegen, weil der Zentralherr sofort eingreift, wenn einer der Kontrahenten zu stark wird. Die Konkurrenten können sich aber auch nicht gegen den König verbünden, weil jedes Koalitionsangebot sofort von den anderen als Schwäche ausgebeutet würde. Der Herrscher erhält seine Macht dadurch, dass er das Gleichgewicht der Kräfte zu seinen Gunsten zu steuern vermag, obwohl er als Einzelner unvergleichlich schwächer ist als die Gesamtgesellschaft. Auch er ist jedoch in diese Figuration eingebunden, ist abhängig von den Konkurrenten, an die er Chancen verteilen muss, um das Gleichgewicht auszubalancieren:

> »Aber es bedarf einer höchst vorsichtigen Handhabung dieser Apparatur, damit sie für längere Zeit mehr oder weniger störungslos funktioniert. Der Steuernde ist ihrem Gesetz und ihren Zwängen genau so untertan, wie alle übrigen darin. Sein Entscheidungsspielraum ist größer als der ihre, aber er ist von dem Aufbau der Apparatur in höchstem Maße abhängig; er ist alles andere als unumschränkt.« (PdZ II, 241)

Dieses hohe Interdependenzniveau, das aus dem fragilen Gleichgewicht der Kräfte resultiert, erklärt auch den Schub im Bereich der Affektkontrolle, die in der höfischen Gesellschaft mit ihrem feinen Verhaltens- und Manierenkodex einen vorläufigen Höhepunkt erreicht. Das courtoise Benehmen und Parlieren ist keineswegs entbehrliches Ornament, sondern erfolgsnotwendig in einer Gesellschaft, in der die entscheidenden Chancen durch Schenkung und Beleihung, durch Koalition und Intrige, durch Schmeicheln und Bestechung verteilt werden.

Dieser Mechanismus, der den absolutistischen Staat formiert und stabilisiert, bricht erst mit dem Ende der ständischen Gesellschaft zusammen, d.h. wenn sich die Gesellschaft so weit ausdifferenziert, dass bürgerliche Gruppen entstehen, die nicht mehr auf ständische Privilegien angewiesen sind, sondern diese Sonderrechte als Störung des funktionsteiligen sozio-ökonomischen Prozesses ansehen. Die Französische Revolution von 1789 ist damit nicht einfach der Kampf des Bürgertums, des dritten Standes, gegen den Klerus und Adel, die ersten beiden Stände. Es ist der Kampf einer neuen Schicht von bürgerlichen Gruppen gegen die Ständegesellschaft überhaupt – mit der Folge, dass nicht nur der erste und der zweite Stand vernichtet bzw. entmachtet wird, sondern auch der dritte Stand der bürgerlichen

Amtsinhaber, der privilegierten Kaufmannsgilden und der Zunfthandwerker (PdZ II, 246 f.).

Monarchie und Ständegesellschaft überstehen das Zeitalter der Revolutionen und Restaurationen letztendlich nicht. Der Staat mit seinen Gewalt-, Steuer- und Verteilungsmonopolen geht aus ihm jedoch gestärkt hervor, allerdings mit dem Unterschied, dass diese Monopole in den demokratischen Nationalstaaten nicht nur faktisch, sondern auch rechtlich vergesellschaftet sind.

Allgemeine Theorie der gesellschaftlichen Entwicklung

Am Ende des zweiten Bandes von *Über den Prozeß der Zivilisation* fasst Norbert Elias die theoretische Essenz seiner stark empirisch akzentuierten Studien zur Psychogenese und Soziogenese der europäischen Gesellschaft zu dem »Entwurf zu einer Theorie der Zivilisation« zusammen. Die erste und wichtigste Schlussfolgerung aus seinen umfangreichen Analysen lautet, dass sich der gesellschaftliche Entwicklungsprozess *als ganzer ungeplant, aber dennoch strukturiert und gerichtet* vollzieht.

Ungeplant heißt, dass die Zivilisation und Staatsbildung in keiner Weise »rational« verläuft, dass es zu keiner Zeit eine planende Instanz gegeben hat, die den Entwicklungsprozess in diese Richtung gesteuert hätte. Zwar haben alle beteiligten Individuen – Könige, Adlige, Bürger, Untertanen – ihre persönlichen Ziele und Pläne, die sie zu verwirklichen trachten; diese individuellen Ziele müssen – auch in ihrer Summe – jedoch keineswegs in die Richtung weisen, in welcher der Zivilisations- und Staatsbildungsprozess tatsächlich voranschreitet. Veränderungen werden auch nicht dadurch »rational«, dass sie zweckmäßig sind (wie z.B. Selbstzwänge gegenüber den körperlichen Funktionen zweckmäßig sind, weil sie zur Hygiene beitragen). Gesellschaftliche Institutionen entstehen nicht, *weil* sie zweckmäßig sind, sondern ihre Zweckmäßigkeit stellt sich erst heraus, *nachdem* sie entstanden sind (PdZ II, 475f., PdZ 1, 153ff.). »Ungeplant« heißt schließlich auch, dass der Entwicklungsprozess nicht von einem überindividuellen, metaphysischen Prinzip, einer »Natur«, »Vernunft«, einem »Geist« oder einer »List der Idee« gesteuert wird (PdZ II, 314 f.). Der Entwicklungsprozess ist zwar strukturiert und gerichtet, aber er folgt keiner Teleologie, und da er kein Ziel hat, kann er nicht als ein Prozess des Fortschritts gewertet werden.

In einem Interview ist Elias selber dieser – freilich durch die allerletzten, geradezu überschwenglich optimistischen Sätze in seinem Buch (PdZ II, 453f.) durchaus nahegelegten – Fehlinterpretation entgegengetreten:

»Meine Zivilisationstheorie wird insofern missverstanden, als man die Richtung, die in dem Zivilisationsbuch aufgezeigt wurde, im Sinne eines naturalen Geschehens, als eine notwendigerweise immer vorhandene Richtung auffasst. Das habe ich aber in dem Zivilisationsbuch nie gesagt. Ich habe dort dargestellt, dass es eine Bewegung in dieser Richtung gibt, aber nicht, dass es sie immer und notwendigerweise gibt, und in einem Artikel für die ›Grundbegriffe der Soziologie‹ habe ich dann, und das ist also das Weiterarbeiten, deutlicher gesagt, dass alle Prozesse, alle sozialen Prozesse, mindestens zwei Richtungen haben: entweder zu einer weitergehenden Zivilisation oder zu einer Entzivilisierung oder Dezivilisation. Beide Wirklichkeiten sind da, und es gibt in jedem gegebenen Augenblick immer eine Balance zwischen diesen Richtungen. Welche Richtung die Oberhand gewinnt, das hängt von Umständen ab, über die wir bis heute keine Kontrolle haben.«[57]

Strukturiert und gerichtet heißt, dass der Wandel andererseits keineswegs zufällig und chaotisch verläuft, sondern doch eine gewisse Ordnung aufweist. Zwar vollzieht sich der Zivilisations- und Staatsbildungsprozess nicht unilinear, sondern in Schüben und Oszillationsbewegungen, aber er weist – langfristig betrachtet – doch in eine bestimmte Richtung, die durch zunehmende Affektkontrolle und gesellschaftliche Integration gekennzeichnet ist.

Dass der Gesellschaftsprozess derart strukturiert ist, obwohl er als solcher ungeplant ist, führt Elias auf die Eigendynamik der Interdependenzgeflechte zurück, die die Menschen miteinander bilden:

> »Pläne und Handlungen, emotionale und rationale Regungen der einzelnen Menschen greifen beständig freundlich oder feindlich ineinander. Diese fundamentale Verflechtung der einzelnen menschlichen Pläne und Handlungen kann Wandlungen und Gestaltungen herbeiführen, die kein einzelner Mensch geplant oder geschaffen hat. Aus ihr, aus der Interdependenz der Menschen, ergibt sich eine Ordnung von ganz spezifischer Art, eine Ordnung, die zwingender und stärker ist als Wille und Vernunft der einzelnen Menschen, die sie bilden. Es ist diese Verflechtungsordnung, die den Gang des geschichtlichen Wandels bestimmt; sie ist es, die dem Prozeß der Zivilisation zugrunde liegt.« (PdZ II, 314)

Diese »Eigendynamik des Beziehungsgeflechts« (PdZ II, 316) bestimmt auch das Verhältnis von Individuum und Gesellschaft und relativiert die Vorstellung von der »Freiheit des Individuums«. Zwar mögen einzelne Menschen den subjektiven Eindruck haben, frei zu entscheiden und zu handeln; diese Freiheit ist jedoch nicht unbegrenzt, sondern ein mehr oder minder großer Spielraum, den ihnen das Geflecht der Interdependenzen lässt, in dem sie sich befinden. Menschen handeln immer in solchen Interdependenzgeflechten, in *Figurationen* (vgl. Kap. 5). Sie werden, wie Elias sagt (PdZ II, 475), in sie hineingeboren, sie werden in ihnen sozialisiert und konditioniert. Ihre individuellen Zwecksetzungen und Pläne verflechten sich permanent mit den Intentionen anderer. Das Resultat dieser Verflechtung ist letztlich ein Prozess, den in der Regel keiner der Beteiligten so geplant oder auch nur vorausgesehen hat und der möglicherweise sogar allen Beteiligten Schaden bringt – wie etwa Eskalationsprozesse innerhalb von Konkurrenzfigurationen.

Aus dem Konzept der prozessualen Dynamik von Interdependenzgeflechten lässt sich eine weitere Schlussfolgerung ableiten: Auch wenn der Entwicklungsprozess strukturiert und gerichtet ist, verläuft er nicht *unilinear* und ist *nicht einseitig kausal* determiniert.

Hier muss einem sehr häufigen Missverständnis von Elias' Zivilisationstheorie entgegengetreten werden, das daraus resultiert, dass sich zahlreiche Rezipienten noch nicht aus dem Geschichtsverständnis traditioneller soziologischer oder philosophischer Entwicklungstheorien zu lösen vermochten. Die traditionellen Fortschrittstheorien begreifen die gesellschaftliche Entwicklung nämlich als unilinearen, stetig (Evolutionstheorien) oder in Sprüngen (dialektische Theorien) ansteigenden Prozess. Auch die geraffte Darstellung von Elias' Zivilisationstheorie, auf die wir uns hier beschränken mussten, könnte den Eindruck erwecken, dass der Zivilisationsprozess ein solcher unilinearer Prozess ist, der mit einem stetigen Ansteigen des Niveaus der Affektregulierung und der gesellschaftlichen Integration einhergeht. Dies wäre jedoch eine Interpretation, die in schärfstem Kontrast zu Elias' empirischem Ansatz steht.

Interdependenzgeflechte weisen zwar eine Eigendynamik auf, die stärker ist als die Pläne und Motive der einzelnen Menschen, aber sie sind nicht determiniert. Sie lassen den Menschen, die sie bilden, gewisse Spielräume für individuelle Variationen. Zwar kann keiner der Beteiligten aus einer Konkurrenzfiguration ausbrechen, aber die Einzelnen haben sehr wohl einen gewissen Einfluss, etwa auf das Tempo von Eskalations- oder Monopolbildungsprozessen. Diese individuellen Spielräume sind es im Übrigen auch, die für die erhebliche explanatorische und prognostische »Unschärfe« (wenn wir den Heisenberg'schen Begriff übertragen dürfen) gesellschaftswissenschaftlicher Analysen verantwortlich sind. Wir können zwar, wenn wir uns anstrengen, generelle Tendenzen feststellen; exakte Prognosen erlaubt die Komplexität von Interdependenzgeflechten jedoch nicht. So stellen Entwicklungsschübe, -rückschläge und -oszillationen, die Elias immer wieder detailliert beschreibt, unmittelbare Implikationen seines Konzepts dar.

Ein zweiter Grund, der gegen eine unilineare Prozessauffassung spricht, liegt darin, dass Tendenzen, die *abhängige* Variablen aufweisen, nicht ontologisiert werden dürfen. Und die zunehmende Affektkontrolle ist eine abhängige Variable, die u.a. von dem Niveau gesellschaftlicher Interdependenz abhängig ist, das seinerseits eine Funktion der Differenzierung ist, die wiederum auf den Konkurrenzdruck zurückgeführt werden kann. Dies wird deutlich, wenn man sich den Ausgangspunkt von Elias' Analysen vor Augen hält: Die Dynamik der gesellschaftlichen Entwicklung setzt genau dann ein, als in Mitteleuropa die Möglichkeiten zur inneren und äußeren Expansion bzw. Kolonisation an ihre Grenzen stoßen, so dass einerseits die Konkurrenz um die nunmehr begrenzten Ressourcen (im Wesentlichen um den Boden) verschärft wird und andererseits eine Versorgung der wachsenden Bevölkerung nur noch durch zunehmende Arbeitsteilung und Differenzierung erreicht werden kann (PdZ II, 58 ff.). Dies ist auch der Grund, weshalb Elias' Analysen im frühen Mittelalter beginnen und nicht etwa zur Zeit der Völkerwanderung und des Römischen Reiches, in geschichtlichen Perioden also, die deutlich machen, dass von unilinearer Entwicklung keine Rede sein kann.

Ein dritter Grund, der gegen eine Unilinearität spricht, ist schließlich, dass es keine monokausalen Erklärungen für gesellschaftliche Entwicklungsprozesse geben kann (wie sie etwa der idealistischen oder der materialistischen Geschichtsauffassung zugrunde liegen). Es gibt keine »Ursache« der gesellschaftlichen Entwicklung, keinen »Anfangspunkt«, kein »Ziel« und keine »Determinanten«, Verflechtungsstrukturen entwickeln sich aus nichts anderem als aus Verflechtungsstrukturen. Aus der Interdependenz der Menschen folgt auch eine Interdependenz der strukturellen Variablen des Gesellschaftsprozesses. Interdependenzniveau und Affektkontrolle, Wettbewerb und Differenzierung, Gewaltmonopol und Steuermonopol, Sozio- und Psychogenese bedingen und befördern sich gegenseitig, ohne dass man entscheiden könnte, was Ursache und was Wirkung ist.

Aus dieser Absage an monokausal-deterministische Theorien, aus denen man freilich perfekte Weltbilder gewinnen könnte, ergibt sich eine weitere allgemeine Schlussfolgerung: Menschenwissenschaftliche Analysen ermöglichen nur dann adäquate Erklärungen und Prognosen, wenn sie im Kontext *langfristiger* Prozesse erfolgen.

Die Zivilisations- und Staatsbildungstheorie ist eine Theorie langfristiger Prozesse. Die Grundlinien des säkularen Verhaltens- und Gesellschaftswandels zeigen sich erst bei Langfristanalysen, während kurzfristige Betrachtungen Gefahr laufen, vorübergehende Entwicklungsschübe, Latenzphasen oder sogar Oszillationen *gegen* den langfristigen Trend zu verabsolutieren. Aufgrund der Nicht-Determiniertheit der gesellschaftlichen Entwicklung lassen sich aus solchen kurzfristigen Analysen jedoch kaum sichere Prognosen ableiten.

Langfristanalysen sind auch deshalb notwendig, weil sie das eigene, oft von allzu viel scheinbaren Selbstverständlichkeiten geprägte Weltbild relativieren. Ein Beispiel für eine solche notwendige Relativierung stellt die »Natur« menschlichen Handelns dar. In der Soziologie des 20. Jahrhunderts, insbesondere in der gegenwärtigen Soziologie, dominiert ein Paradigma, das gesellschaftliche Phänomene durch individuell-rationales Handeln nutzenmaximierender Akteure erklären will. Ihre Popularität hat die rationalistische Handlungstheorie sicherlich auch deshalb gewonnen, weil Individualität und Rationalität in der modernen Gesellschaft und gerade auch in der »scientific community« hoch geschätzte (wenngleich selten erreichte) *Ideale* darstellen. Die langfristige Analyse des Zivilisationsprozesses zeigt dagegen, dass die Art der menschlichen Verhaltenssteuerung eine abhängige *Variable* des gesellschaftlichen Wandlungsprozesses ist. Tendenziell rationales Handeln erweist sich in dieser langfristigen Perspektive als ein historisch junges und auch in unserer heutigen Gesellschaft keineswegs überall verbreitetes Phänomen. Emotion und Affekt oder auch gesellschaftliche Konditionierungen durch ansozialisierte Selbstzwänge (»traditionales Handeln« in der Terminologie von Max Weber) haben hingegen als Verhaltensregulative eine weitaus höhere Bedeutung.[58]

Die Relativierung der eigenen, auf die Gegenwart bezogenen Perspektive, die mit der Einbettung menschenwissenschaftlicher Analysen in langfristige Prozesse verbunden ist, stellt somit auch einen Akt der Selbstdistanzierung des Wissenschaftlers von subjektiven Werten und Interessen dar, die seine Analysen von Figurationen, in die er selber eingebunden ist, verfälschen könnten (vgl. Kap. 7).[59] Damit erweist sich Elias' Analyse des Zivilisations- und Staatsbildungsprozesses als weit mehr denn eine historische Analyse eines bestimmten Abschnitts der mitteleuropäischen Geschichte. Als langfristige Prozessanalyse versucht sie, den Schlüssel zum Verständnis unserer gesellschaftlichen Gegenwart und Zukunft zu liefern.

Dies wird im letzten Abschnitt des Werkes *Über den Prozeß der Zivilisation* deutlich, der die Überschrift »Überblick« trägt. Elias beginnt mit der Bemerkung, dass Menschen bisher gesellschaftlichen Entwicklungen so verständnislos und so hilflos gegenübergestanden haben wie die mittelalterlichen Menschen den Naturgewalten (PdZ II, 434). Um den ungeplanten Gesellschaftsprozess einer bewussteren Lenkung zugänglich zu machen, ist es zunächst erforderlich, aus der Fülle von Einzelfakten die grundlegenden Strukturen dieses Prozesses und die Richtung, in die er sich bewegt, herauszufiltern. Elias skizziert in groben Zügen, wie sich die spezifische Verflechtungsdynamik des Zivilisations- und Staatsbildungsprozesses, die sich im Übergang vom Mittelalter zur Neuzeit entwickelt hat, bis in die Gegenwart hinein fortpflanzt.

So ist der Prozess der Soziogenese keineswegs abgeschlossen. So wie sich zu Zeiten der feudalen Desintegration die Territorialherren in Konkurrenz- und Ausscheidungskämpfen befanden, so bildeten Ende der 1930er Jahre, als Elias jene Passagen niederschrieb, die Nationalstaaten eine Konkurrenzfiguration, die unmittelbar nach Abschluss des Manuskripts im Zweiten Weltkrieg kulminierte. Elias hatte diese Entwicklung als geradezu zwangsläufig vorausgeahnt, als er beschrieb, wie die spezifische Verflechtungsdynamik eines »Balancesystems mit wachsender Konkurrenzspannung und ohne Zentralmonopol« die miteinander rivalisierenden Nationalstaaten in ihrem Ringen um die »Vormacht über Erdteile« immer stärker gegeneinandertrieb (PdZ II, 435 f.). Der Zweite Weltkrieg und die vielen weiteren Kriege, die die Welt bis heute erlebt hat, zeigen, dass die Weltgesellschaft noch weit von der Bildung eines weltumspannenden Gewaltmonopols, eines »politischen Zentralinstituts der Erde« (PdZ II, 452), und damit von ihrer Befriedung entfernt ist, wenngleich Elias mit dem Verweis auf die ersten Staatenbünde schon die nächste Integrationsstufe des Mechanismus der Monopolbildung identifiziert hatte.

Diesen Konkurrenz- und Monopolbildungsprozessen im politischen Bereich entsprechen ähnliche Prozesse im wirtschaftlichen Sektor. Auch hier sah Elias Prozesse, die immer wieder zur Bildung von temporären Monopolen und zu deren Zerfall führen. Er sah jedoch auch die zweite Stufe des Monopolbildungsprozesses entstehen. Die Stabilisierung und faktische Vergesellschaftung der Monopole beschränkt die Möglichkeiten zur privaten Verfügung über die Wirtschaftsmonopole genauso wie sie ehemals die territorialen Steuer- und Gewaltmonopole begrenzte (PdZ II, 439). Auch diese Vergesellschaftung und Integration ist wiederum eine Funktion der permanent steigenden Interdependenz, die die Menschen und ihre sozialen Einheiten immer enger aneinander bindet. Mit wachsender Interdependenz steigen auch die Anforderungen an die Verhaltensregulation weiter, bis sie ein Niveau erreichen, das psychische Ängste und Spannungen erzeugt, die ein Reflex der sozialen Konflikte und Spannungen in der individuellen psychischen Struktur sind (PdZ II, 446).

»Schon in einfachen Stämmen bringt die zivilisatorische Umformung, die vom Freilauf der Triebe bei Kleinkindern zur Aneignung der Triebkontrollmuster von Erwachsenen führt, erhebliche Schwierigkeiten, allerlei Ängste, Leiden und Qualen mit sich, und in den entwickelten Gesellschaften ist dieser Prozeß entsprechend dem relativ hohen Zivilisationsniveau nicht nur besonders lang, sondern auch besonders mühsam. Das Risiko, das er in sich birgt, ist immer beträchtlich. Entscheidend ist letzten Endes, um es kurz zu sagen, die Balance zwischen der Triebversagung, die einem Menschen im Laufe des individuellen Zivilisationsprozesses auferlegt, und dem Lustgewinn, der durch ihn ermöglicht oder eröffnet wird.« (SüdD, 366 f.)

Das »optimale Gleichgewicht« der Persönlichkeit, das Begriffe wie »Glück« oder »Freiheit« beschwören, wird die Menschheit, so

Elias, erst dann finden, wenn individuelle Bedürfnisse und gesellschaftliche Anforderungen so weit im Einklang sind, dass sich die ansozialisierten Selbstzwänge auf jene Restriktionen beschränken können, die unbedingt nötig sind, um die hohe funktionale Differenzierung und ihren hohen Lebensstandard aufrechtzuerhalten: »Erst wenn sich diese zwischenstaatlichen und innerstaatlichen Spannungen ausgetragen haben und überwunden sind, werden wir mit besserem Recht von uns sagen können, daß wir zivilisiert sind. [...] Die Zivilisation ist noch nicht abgeschlossen. Sie ist erst im Werden.« (PdZ II, 453f.)

4. Die Zivilisations- und Staatsbildungstheorie: Kritik und Perspektiven

Nachdem Elias' Hauptwerk *Über den Prozeß der Zivilisation*, bedingt durch Vertreibung und Exil, für drei Jahrzehnte in Vergessenheit geraten war, wurde ihm nach Erscheinen einer Taschenbuchausgabe (1976) ein für wissenschaftliche Bücher ungewöhnlicher Erfolg zuteil.[60] Aber nicht nur das Buch wurde ein »Bestseller«. Darüber hinaus genoss die Zivilisationstheorie in der deutschen, niederländischen und englischen Soziologie eine hohe Aufmerksamkeit, auch wenn sich diese im Wesentlichen auf ihren kultursoziologischen Gehalt richtete und nicht immer ihre gesellschaftstheoretische Potenz erkannte. Dass sich Elias' Zivilisations- und Staatsbildungstheorie zu einem neuen menschenwissenschaftlichen Paradigma entwickelt hat, zeigt nicht zuletzt die kritische Diskussion, der sie sich immer wieder ausgesetzt sieht. Im Folgenden sollen zunächst die wichtigsten Kritikpunkte diskutiert werden, um danach Weiterentwicklungen und Perspektiven von Elias' Theorie erörtern zu können.

Die vernachlässigte Rolle des Bürgertums

Der erste Band von *Über den Prozeß der Zivilisation* trägt den Untertitel »Wandlungen des Verhaltens in den weltlichen *Oberschichten* des Abendlandes« (Hervorh. v. uns). Auch im zweiten

Band nehmen Analysen zu den Konflikten und Prozessen zwischen König und Adel den größten Raum ein. Die entscheidende Bedeutung, die Elias den Machtkämpfen innerhalb der Aristokratie zuweist, wird auch daran deutlich, dass Elias seinem Hauptwerk eine Habilitationsschrift folgen ließ, die sich intensiv mit der höfischen Gesellschaft auseinandersetzte. Diese Konzentration auf die Figurationsdynamik der Oberschichten deuteten einige Kritiker[61] als Vernachlässigung der revolutionären Rolle des Bürgertums, denn diese sei es, die letztlich zum Scheitern des absolutistischen Königsmechanismus durch die Französische Revolution geführt habe.

Dass das Zeitalter des Absolutismus durch das Aufkommen eines nicht ständischen Bürgertums beendet wurde, dessen Wurzeln bereits in der mittelalterlichen Stadtbildung lagen (PdZ II, 58 ff.), hat Elias selbst ausdrücklich betont (PdZ II, 246 ff.). Dem Auftrieb der bürgerlichen Schichten und ihrem Verhältnis zu den adligen Oberschichten ist sogar ein ganzes Kapitel gewidmet (PdZ II, 409-434). Dass Elias dennoch den *Schwerpunkt* seiner Analysen auf Königtum und Adel gelegt hat, hatte zwei Gründe. Erstens haben die entscheidenden Prozesse der Zivilisation und der Staatsbildung bereits vor der bürgerlichen Revolution stattgefunden. Sie sind tatsächlich vor allem durch die Machtbalancen und Auseinandersetzungen innerhalb der absolutistischen Herrschaftsfiguration zu erklären. Zweitens handelte es sich um eine bewusste Akzentsetzung. Als »Korrektiv nämlich gegen die *Hauptströmung* soziologischen Denkens, die zu ausschließlich die Bourgeoisie als den Schöpfer der modernen Welt angesehen hat«[62], oder, in Elias' eigenen Worten, »als Kontrast« (PdZ II, 394) hat er auf die Rolle der adligen Funktionsgruppen aufmerksam machen wollen.

Letztlich transzendiert Elias die Diskussion, ob die Aristokratie oder die Bourgeoisie der Motor der gesellschaftlichen Entwicklung gewesen sei, indem er betont, dass soziale Wandlungen ihren Ursprung nicht *in* der einen oder der anderen Schicht haben, sondern dass sie »im Zusammenhang mit den Spannungen *zwischen* verschiedenen Funktionsgruppen eines sozialen Feldes und *zwischen* den konkurrierenden Menschen« entstehen (PdZ II, 394). Dass den bürgerlichen Schichten weniger Aufmerksamkeit gewidmet worden ist, ist damit nicht als *Defizit*, sondern eher als *Desiderat* der zivilisationstheoretischen Forschung anzusehen.[63]

Der Vorwurf des Ethnozentrismus

Eine Kernaussage von *Über den Prozeß der Zivilisation* lautet, dass mit der gesellschaftlichen Integration die Trieb- und Affektregulierung voranschreite und das menschliche Verhalten damit »zivilisierter« werde. Vergleichende Untersuchungen von verschiedenen historischen Epochen oder von Gesellschaften, die sich auf unterschiedlichen Entwicklungsstufen befinden, kommen daher ohne Komparative nicht aus (z.B. »zivilisierter als ...«, »höheres Niveau der Affektkontrolle als ...«). Wenn wir unsere eigene Epoche für »zivilisierter« halten als vergangene Zeiten oder wenn wir den westlichen Gesellschaften ein höheres Niveau an Affektkontrolle zuschreiben als Entwicklungsländern, dann können diese Vergleiche leicht als Werturteile interpretiert werden.

Die Gefahr, dass solche Komparative in begriffsrealistischer Weise als ethnozentristische Vorurteile gedeutet werden, ist in heftiger Form von Anton Blok beschworen worden. Der ehemalige Elias-Schüler ließ sich in einer Diskussion mit der Bemerkung vernehmen: »Diese Theorie ist durch und durch ethnozentristisch.«[64] Ihren ethnozentristischen und damit auch teleologischen Charakter erhalte die Zivilisationstheorie dadurch, dass die westliche Gegenwartsgesellschaft zwar nicht als Endpunkt, aber doch als eine nahe Vorstufe der »zivilisierten Gesellschaft« angesehen werde. Blok wurde entgegengehalten, dass der Zivilisationsprozess von Elias keineswegs so positiv dargestellt wurde, dass der Vorwurf des Ethnozentrismus gerechtfertigt wäre. Der Zivilisationsbegriff ist nicht nur mit »Fortschritt, Höherwertigkeit und Humanität« zu assoziieren, sondern auch mit »Entfremdung, Unnatürlichkeit, Repression und Unechtheit«[65]. Elias selbst hat ausdrücklich betont, dass Zivilisierung mit menschengeschaffenen Zwängen und Ängsten verbunden ist (PdZ II, 446 ff.). Büßt der Zivilisationsbegriff jedoch im wissenschaftlichen Gebrauch seine positive Wertung ein, so wird der Ethnozentrismus-Vorwurf hinfällig.

Den *wertenden* Gebrauch des Zivil isationsbegriffs hatte Elias selbst in seinen begriffssoziologischen Betrachtungen (PdZ I, 1 ff.) als *vorwissenschaftlich* charakterisiert. Wissenschaftliche Analysen erfordern hingegen, dass man auf Werturteile verzichtet, indem man als Wissenschaftler eine affektive Distanz zu seinem Gegenstand gewinnt.[66] Die Distanzierung von der gesellschaftlichen Gegenwart ist notwendig, weil man als Menschenwissenschaftler selber der Gesellschaft angehört, die man untersucht.[67] Da die eigene Gesellschaft zumindest den Vergleichsmaßstab für Gesellschaftsanalysen bildet, ist der Wissenschaftler sonst stets der Gefahr ethnozentrischer Wertungen ausgesetzt. Allerdings setzt die Fähigkeit zur Distanzierung von den eigenen Affekten selbst ein bestimmtes Niveau der individuellen Affektkontrolle oder, wenn man so will, der individuellen Zivilisierung voraus. Und da der individuelle Zivilisationsgrad immer relativ ist, auch unter Wissenschaftlern, ist die Gefahr ethnozentristischer Fehlinterpretationen einer prinzipiell wertfreien Analyse wohl niemals ganz auszuschließen.

So ist Elias in seinen späteren Schriften teilweise dazu übergegangen, nicht mehr von »höheren«, sondern neutraler von »anderen« Zivilisationsgraden zu sprechen, was keineswegs als Sprachkosmetik misszuverstehen ist. Dahinter verbirgt sich eine differenziertere Betrachtung des Zivilisationsprozesses, mit der Elias weiteren Missverständnissen und Kritiken begegnete, insbesondere der Kritik am Zivilisationsprozess selbst.

Die Kritik am Theorem fortschreitender Zivilisation

Die härteste Kritik an Elias' Theorie richtet sich gegen ihre Kernaussage, dass die Gesellschaftsentwicklung von einem langfristigen Verhaltenswandel in Richtung einer fortschreitenden Affektregulierung gekennzeichnet sei. Am heftigsten vorgetragen wurde diese Kritik von Hans-Peter Duerr, der seiner Untersuchung über *Nacktheit und Scham* den Untertitel *Der Mythos vom Zivilisationsprozeß* gab.[68] Ein »Mythos« sei das Theorem fortschreitender Zivilisation deshalb, weil »zivilisierte« Verhaltensformen – von Duerr demonstriert am Beispiel der Scham – keine »Erfindung« der Neuzeit seien, sondern auch schon in früheren historischen Epochen, etwa im Mittelalter, anzutreffen waren. Zivilisatorische Verhaltensstandards stellten deshalb keine soziogenetischen Variablen dar, sondern seien dem Menschen als anthropologische Konstanten angeboren.[69] Deshalb sei das Schamempfinden zu allen Zeiten und in allen Gesellschaften anzutreffen.

In einer materialreichen Entgegnung[70] machte Michael Schröter zunächst auf eine simplifizierte Rezeption von Elias' Werk durch Duerr aufmerksam. Während Duerr den Zivilisationsprozess als Dichotomie (»unzivilisiertes« Mittelalter versus »zivilisierte« Neuzeit) darstelle, habe Elias die Zivilisation als Prozess beschrieben, der

– keinen Nullpunkt und keinen Endpunkt kenne;
– nicht kontinuierlich, sondern in Schüben und Gegenschüben verlaufe;
– nicht nur durch diachrone, sondern auch durch synchrone Verhaltensdifferenzen gekennzeichnet sei, etwa zwischen den Angehörigen der sozialen Ober- und Unterschichten, zwischen Adligen und Bürgerlichen oder zwischen dem Verhalten am Hof und in den Städten.

Die von Duerr angeführten empirischen Belege, dass es schon im Mittelalter ein Schamempfinden gegeben habe, widerlegten deshalb die Zivilisationstheorie keineswegs, sondern stützten sie sogar. Dass es im Mittelalter überhaupt kein Schamempfinden gegeben habe, habe Elias niemals behauptet.[71] Er habe sich vielmehr für die zweifelsfrei nachweisbaren, diachronen und synchronen Verhaltens*unterschiede* und ihre psychogene und soziogene Erklärung interessiert. Anhand einer prominenten Quelle aus dem Jahre 1416 über die Sitten in öffentlichen Bädern weist Schröter exemplarisch nach, dass es im Spätmittelalter selbstverständlich ein gewisses Schamempfinden und entsprechende Badevorschriften gab, wenn auch die Empfindungs- und Verhaltensstandards unterschiedlich waren:

a) bei deutschen Badenden und ausländischen Besuchern (unterschiedliche Grade der Affektregulation in verschiedenen Gesellschaften);
b) zwischen Männern und Frauen (geschlechtsspezifische Differenzen);
c) in öffentlichen und in privaten Bädern (unterschiedliche Grade von Fremd- versus Selbstkontrolle);
d) bei den sozialen Ober- und Unterschichten (schichtspezifische Verhaltensdifferenzen);

e) zwischen dem späten Mittelalter und etwa dem 18. Jahrhundert (unterschiedliche zeitliche Zivilisierungsgrade).[72]

Diese Differenzen, die das eigentliche Explanandum der Zivilisationstheorie darstellen, demonstrieren im Übrigen auch, dass es sich bei solchen Verhaltensstandards kaum um anthropologische Konstanten handeln kann. Vielmehr zeichnen sich Menschen gerade durch das Fehlen genetisch angelegter Verhaltensregulative aus. Die Verhaltensregulierung wird erst im sozialen Prozess erlernt – in der phylogenetischen Entwicklung der gesamten Menschheit genauso wie in der ontogenetischen Entwicklung des Individuums von der Kindheit bis zum Erwachsenen.

Auf eine verkürzte Rezeption ist auch ein weiterer Einwand Duerrs gegen das Zivilisationstheorem zurückzuführen. Er kritisiert, dass die gesellschaftliche Kontrolle der Sexualität nicht unilinear verlaufe, sondern durch ein empirisch belegbares »Dreistufenmodell« charakterisiert werden könne: starke Kontrolle im Hochmittelalter, relative Lockerung im Spätmittelalter und erneute Verschärfung der Kontrolle im 16. Jahrhundert.[73] Dieser scheinbare Widerspruch zur Zivilisationstheorie löst sich auf, wenn man sich vergegenwärtigt, dass Elias *keine* Evolutionstheorie aufgestellt hat, die einen quasi ontologischen Prozess stetig ansteigender Zivilisierungsgrade behauptet. Elias' originäre wissenschaftliche Hauptleistung bestand gerade darin, die kausale *Interdependenz von Soziogenese und Psychogenese* aufzuweisen. Verhaltensstandards sind somit (auch) als abhängige Variablen anzusehen, die von gesellschaftlichen Erfordernissen determiniert werden. Erst durch die Einbeziehung der gesellschaftlichen Figurationen wird der Verlauf der individuellen Verhaltenszivilisation erklärbar.

So ist die relativ starke Repression der Sexualität im 12./13. Jahrhundert auf eine direkte und persönliche (»face-to-face«)

Kontrolle in kleinen sozialen Einheiten – Familien, Dorfgemeinschaften, Grundherrschaften – zurückzuführen. Bis zum 15. Jahrhundert lockerten sich diese Gemeinschaften im Zuge des Verstädterungsprozesses, der aber zu sozialen Interdependenzen auf anderem, letztlich höherem Niveau führte. Die damit einhergehende Desintegration der primären Gemeinschaften schlug sich zunächst in einem Nachlassen der persönlichen Verhaltenskontrollen, etwa durch den Grundherrn, nieder, »ohne daß«, wie Schröter schreibt, »sofort andere Mechanismen die Lücke hätten füllen können«[74]. Dieses Kontrollvakuum wurde dann im 16. Jahrhundert durch einen Staatsbildungsschub gefüllt, der – entsprechend dem gestiegenen Interdependenzniveau – die persönlichen Kontrollen durch generalisierte, anonymisierte Ordnungen und Sanktionen in Form von Polizei, Gerichten, klerikaler Sittlichkeit etc. ersetzte. Die empirisch dokumentierte Lockerung der Sitten erweist sich damit lediglich als eine Übergangsphase vom direkten, persönlichen zum indirekten, anonymen Kontrolltyp. Schröter schlägt – als Erweiterung der Zivilisationstheorie – vor, diese »Dialektik« von gesellschaftlicher Integration, Individualisierung und sozialer Kontrolle als allgemeines Gesetz aufzufassen: »Man kann es vielleicht sogar als eine feste *Regelmäßigkeit* formulieren, daß sich die Dichte der Interdependenz in den, sagen wir, primären Wir-Gruppen vermindern muß, wenn sich die Interdependenz über größere Räume verstärkt. Die Lockerung kurzer und die Intensivierung langer Interdependenzketten laufen geradezu Hand in Hand.«[75]

Diese Überlegungen führen schließlich zu einem weiteren, nicht nur von Duerr geäußerten Einwand gegen die Zivilisationstheorie. Er besagt, dass gerade in wenig differenzierten, »unzivilisierten« Gesellschaften, z.B. Stammesgesellschaften, eine extrem hohe Verhaltensdisziplin anzutreffen sei,[76] während in den modernen, entwickelten Gesellschaften eine Liberalisierung stattgefunden habe, die sich vielleicht am deutlichsten im Bereich der Sexualvorschriften zeige. Auch dieser Hinweis stellt bei differenzierter Betrachtung keine Kritik, sondern eine Bestätigung der Zivilisationstheorie dar, sagt sie doch aus, dass im Laufe des gesellschaftlichen Integrationsprozesses Fremdzwänge durch Selbstzwänge ersetzt werden. Dass Fremdzwänge abgebaut werden können, wenn eine weitaus effektivere, weil auch ohne permanente äußere Kontrolle wirksame Selbstkontrollapparatur an ihre Stelle tritt, darf deshalb nicht als eine Lockerung der Affektregulation missdeutet werden.

Der empirische Befund, dass sich in allerjüngster Zeit, insbesondere seit den 1960er Jahren[77] die Verhaltensregulation selbst und damit auch der Selbstzwang gelockert hat, machte jedoch eine Weiterentwicklung der Zivilisationstheorie erforderlich, die vor allem von Cas Wouters unter dem Stichwort »Informalisierungsprozesse« geleistet wurde.[78]

Die Weiterentwicklung der Zivilisationstheorie

Die wohl einflussreichste Übertragung des zivilisationstheoretischen Ansatzes auf die westlichen Gegenwartsgesellschaften stammt von Pierre Bourdieu. Nach Bourdieus Forschungen gewinnen die »feinen Unterschiede«, d.h. die zweckfreie Ästhetisierung des Lebensstils als Akt der Distanzierung gegenüber den Zwängen wirtschaftlicher Notwendigkeit an Bedeutung als Prestige- und Distinktionsmerkmal der neuen Oberschichten.[79] »Distinktive Merkmale: Statur, Haltung, angenehmes Äußeres, Auftreten, Diktion und Aussprache, Umgangsformen und Lebensart, verbunden mit kulturellen Kompetenzen«, d.h. typische Elemente der von Elias beschriebenen Verhaltenscodes, werden zum »sozialen Kapital« als »Einlassbillet für den Eintritt in die

Welt der Bourgeoisie«[80]. In dem Lebensstil der Oberschichten manifestiert sich der ebenfalls von Elias prognostizierte Handlungsstil, der durch weitsichtigere Regulierung kurzfristiger Affekte geprägt ist: »[...] der ›bescheidene Geschmack‹, der Verlangen und Lust des Augenblicks künftigen Wünschen und Befriedigungen zu opfern vermag, steht in krassem Gegensatz zum spontanen Materialismus der unteren Klassen, die sich schlicht weigern, das Benthamsche Buchhalterwesen der Vergnügungen und Mühen, der Gewinne und Kosten [...] mitzumachen.«[81]

Das weiter gestiegene Niveau der verinnerlichten Selbstzwänge drückt sich schließlich auf moralischem Gebiet in einem Abrücken von inzwischen überflüssigen und als zu starr empfundenen Fremdzwängen und Äußerlichkeiten aus: die »sanfte Tour« und der Typus des aufgeklärten, selbstverantwortlichen »Liberal-Intellektuellen«, »Postmodernen« oder »Performers« gewinnen in den neuen Oberschichten an Popularität und verdrängen das traditionell-konservative Milieu.[82]

Die konsequente Fortführung des Gedankens, dass Fremdzwänge nicht mehr notwendig sind, wenn sie durch Selbstzwänge ersetzt werden, lautet, dass auf einer gewissen Stufe des Zivilisierungsprozesses auch Selbstzwänge entfallen können, wenn ein den gesellschaftlichen Interdependenzen angemessenes Verhalten durch andere psychogene Mechanismen gewährleistet werden kann:

»Erst wenn sich diese zwischenstaatlichen und innerstaatlichen Spannungen ausgetragen haben und überwunden sind, [...] kann sich die Regelung der Beziehungen von Mensch zu Mensch eher auf jene Gebote und Verbote beschränken, die notwendig sind, um die hohe Differenzierung der Funktionen aufrechtzuerhalten, [...] die Selbstzwänge auf jene Restriktionen, die nötig sind, damit die Menschen möglichst störungs- und furchtlos miteinander leben, arbeiten und genießen können.« (PdZ II, 453)

In diesem Fall kommt es in der Tat zu einer Informalisierung des Verhaltens, d.h. zu einer Lockerung nicht mehr erforderlicher Verhaltensregulation. Mit dieser Erweiterung lassen sich jetzt folgende, ineinanderfließende Phasen der Zivilisierung unterscheiden:[83]

1. In der ersten Phase der Zivilisierung wird die Trieb- und Affektregulation durch permanente soziale Kontrolle, verbunden mit drastischen Strafdrohungen, von außen erzwungen. Psychologisch bedeutet dies, dass die Affektkontrolle »extrinsisch« und »negativ« motiviert ist, d.h. nur aus Gründen der Sanktionsvermeidung erfolgt. Wenn die soziale Kontrolle lückenhaft wird, kann es deshalb sofort zu Triebentladungen kommen. Dieser Modus der Verhaltensregulation ist typisch für traditionale Gesellschaften mit geringer Differenzierung und direkten, persönlichen Sozialbeziehungen. Im Bereich des Sexualverhaltens stellen Verschleierungsgebote, Kontaktverbote sowie das Konzept der »Ehre«, bei deren Verletzung drakonische Strafen (bis hin zum »Ehrenmord«) verhängt werden, Fremdzwänge dar, die Triebentladungen vermeiden sollen. Im Extremfall werden in solchen Gesellschaften nach erfolgten Vergewaltigungen sogar Männer frei- und Frauen schuldig gesprochen, weil unterstellt wird, dass die Frau den Mann mit ihren Reizen so gelockt habe, dass dieser seiner unregulierten Triebhaftigkeit erlegen sei.

2. In der zweiten Phase bilden sich automatisch und blind wirkende Selbstzwänge heraus, die »intrinsische«, normgeleitete Motivationen darstellen. Die Verhaltensnorm wird aus sich heraus eingehalten, auch wenn man vollkommen unbeobachtet ist. Die Motivation ist aber immer noch negativ: An die Stelle der Angst vor Sanktionen tritt jetzt die Angst vor dem eigenen schlechten Gewissen. Diese Stufe ist typisch für differenziertere Gesellschaften mit indirekten, unpersönlichen Ordnungssystemen wie dem formalen Recht. Im Bereich der Sexualmoral herr-

schen noch immer strenge Normen, was erlaubt ist und was nicht, aber der »Gentleman«, der »sanfte« Mann, hat inzwischen gelernt, seine Sexualität wie seine Aggression zu beherrschen, und das Fräulein hat sich selber ein enges Korsett aus Keuschheit, Zucht und Scham angelegt.

3. In einer dritten Phase können auch die Selbstzwänge abgebaut werden und einer Informalisierung des Verhaltens weichen. Das Verhalten, das erforderlich ist, um den (weiter angestiegenen) gesellschaftlichen Interdependenzen Rechnung zu tragen, wird jetzt durch rationale Einsicht und positive, zielorientierte Motivationen erreicht. Nicht nur Kleidungsvorschriften und Kontaktverbote sind entbehrlich geworden, weil die Menschen ihr Triebleben jetzt selbst in verführerischen Situationen regulieren können; auch vorehelicher Sex und One-Night-Stands sind möglich und zulässig, weil zuverlässige Methoden zur Verhütung von Empfängnis und Geschlechtskrankheiten eingesetzt werden. Die Stufe der Freiheit ist erreicht.

Dieses Phasenmodell lässt sich auch am Beispiel der Arbeitsmotivation veranschaulichen: In der ersten Phase erscheint man pünktlich zur Arbeit, weil man sonst drakonische Strafen zu erwarten hätte (Prügelstrafen in Handwerksbetrieben, Fabrikordnungen im Frühkapitalismus; etwa bis ins 19. Jahrhundert); in der zweiten Phase, weil es sich für einen anständigen Mitarbeiter gehört, pünktlich zu sein (protestantische Arbeits- und Berufsethik; etwa bis Ende des 20. Jahrhunderts), und in der dritten Phase ist man nur noch dann pünktlich, wenn es wirklich nötig ist (gleitende Arbeitszeit, Vertrauensarbeitszeit, Arbeitszeitautonomie; gegen Ende des 20. Jahrhunderts, zunächst in den höheren Berufsgruppen).

Informalisierung bedeutet nicht, dass alle Normen fallen. In der Gegenwartsgesellschaft gilt inzwischen ein extrem komplexes Geflecht von Regeln, was in welchen Kreisen angesagt ist und was nicht. Inzwischen ist es in bestimmten Situationen nicht nur zulässig geworden, präzise kalkulierte Affektualität zu zeigen – es ist sogar zum Prestigemerkmal avanciert, wenn man etwa in der VIP-Lounge der Fußballarena oder im Rave-Club »so richtig die Sau rauslässt« – was noch vor wenigen Jahren als »proletenhaft« gegolten hätte. (Freilich gilt dies nur, solange man die Tabus nicht verletzt, die heute *political correctness* heißen.) Umgekehrt gilt es inzwischen auch in den untersten sozialen Schichten als Merkmal der Überlegenheit, »cool« zu sein, d.h. seine Affekte regulieren zu können. Die Grate zwischen souveräner Lockerheit und Fauxpas sind so extrem schmal geworden, dass sie nicht nur bei interkulturellen Begegnungen verwirren.

In der höfischen Gesellschaft reichte es für den »feinen Unterschied« noch, seine Affekte im Zaum halten zu können. Das soziale Distinktionsmerkmal der aktuellen Oberschichtsmilieus ist die perfektionierte Fähigkeit, die eigenen Affekte mit höchster Sensibilität situationsabhängig dosieren zu können, und das am besten noch in den verschiedensten sozialen Milieus – sei es im Executive Meeting, beim Rotary Club, beim Rave oder zwischen den Bauarbeitern bei der Baustellenbesichtigung. Der soziale Virtuose beherrscht seinen Affekthaushalt wie ein Musiker die Klaviatur.

Fortschreitende Affektregulation stellt also kein Dogma von Elias' Theorie dar. Die Kernaussage der Zivilisationstheorie lautet vielmehr, dass Art und Intensität der Verhaltensregulation den spezifischen Erfordernissen der gesellschaftlichen Interdependenzen angepasst werden. Wenn sich die Interdependenzen wandeln, ändert sich auch der Modus der Verhaltenskontrolle.

Weitere Differenzierungen

Auch wenn man die Kritik von Duerr und anderen für unbegründet hält, legt diese Kritik – wie auch schon der Vorwurf des Ethnozentrismus – nahe, dass es der Zivilisationsbegriff selbst ist, der solche Missverständnisse geradezu provoziert. Die Zivilisationstheorie wird immer noch in eine Tradition philosophischer und soziologischer Evolutionstheorien eingereiht, die einen als unilinear angesehenen Trend ontologisieren – sei es Differenzierung, Rationalisierung, Integration oder sonst etwas. Offenbar wird die von Elias aufgezeigte Tendenz einer zwar nicht linear, aber aus langfristiger Perspektive doch eindeutig fortschreitenden Affektregulation ebenfalls als ein derartiger Trend in Richtung auf einen in der nahen Zukunft liegenden Zielzustand missverstanden.[84]

Angesichts der Differenziertheit der um Informalisierungsprozesse erweiterten Zivilisationstheorie stellt sich die Frage, ob ein mit simplen Komparativen operierender Zivilisationsbegriff der Komplexität des Verhaltenswandels noch gerecht wird. Elias und seine Schüler haben den Zivilisationsbegriff deshalb in mehrfacher Hinsicht differenziert. Elias selbst macht in seinem 1984 erschienenen Buch *Über die Zeit* darauf aufmerksam, dass das menschliche Verhalten in einer bestimmten gesellschaftlichen Situation so komplex ist, dass es sich einfachen Charakterisierungen durch Komparative im Sinne von stärkerer oder schwächerer Verhaltensregulation entzieht:

»Auf den früheren Stufen eines Zivilisationsprozesses, so könnte man sagen, ist die Gewissensbildung im allgemeinen partikulär: extrem stark und streng in mancher Hinsicht oder bei manchen Gelegenheiten, extrem schwach und milde in anderer Hinsicht. Charakteristisch für das Selbstzwangsmuster von Zivilisationsprozessen auf den späteren Stufen ist dagegen die Tendenz zu einer maßvollen und ebenmäßigen Disziplin in fast jeder Hinsicht, bei fast allen Gelegenheiten.« (ÜdZ, 128 f.)

Ein empirisches Beispiel sei einer Studie über Konflikte zwischen ausländischen Arbeitnehmern und Deutschen entnommen: Das Verhalten von Ausländern ist in mancherlei Hinsicht, insbesondere in Bezug auf anonyme Institutionen und Regelungen (z.B. Hausordnungen) weniger diszipliniert, in anderer Hinsicht, insbesondere in Bezug auf Familie und persönliche Integrität (z.B. Umgang mit Alkohol, Gastfreundschaft, Familienehre) wesentlich disziplinierter als das Verhalten Deutscher (was zivilisationstheoretisch aus Unterschieden des gesellschaftlichen Differenzierungs- und Integrationsgrades erklärt werden kann). Beides stellt jedoch einen Anlass für Diskreditierung und Vorurteilsbildung dar.[85]

Um der Komplexität des Verhaltenswandels gerecht zu werden, hat Artur Bogner vorgeschlagen, statt in einfachen Komparativen von einer »Verschiebung der *Balance* von Fremdzwängen und Selbstzwängen« und einer »Veränderung in den sozialen *Mustern* der Selbstkontrolle« zu sprechen: »Im Laufe der von Elias empirisch belegten Entwicklung gewinnen *solche* Selbstzwänge die *Oberhand*, die weitgehend unabhängig von der Unterstützung durch soziale Fremdzwänge funktionieren, die insbesondere nicht länger auf die *aktuelle* Präsenz einer sanktionierenden oder Sanktionen androhenden Instanz angewiesen sind. Es sind automatisierte und gegenüber Fremdzwängen relativ autonomisierte Selbstkontrollen, die den ›modernen‹ westeuropäisch-amerikanischen Sozialcharakter auszeichnen.«[86]

Schließlich ist Elias in seinen späteren Schriften dazu übergegangen, den »menschheitlichen Zivilisationsprozeß« zu trennen von den »speziellen Zivilisationsprozessen, die von Stamm zu Stamm, von Nation zu Nation, kurzum von Überlebenseinheit zu Überlebenseinheit im Zusammenhang mit den Eigenheiten ihres sozialen Schicksals verschieden sind.«[87] So zeigen Elias' *Studien über die Deutschen* beispielsweise die Eigenheiten des deutschen Zivilisations- und Staatsbildungsprozesses, etwa die spezifische Leugnung des nationalen Abstiegs im Gefolge des Dreißigjährigen Krieges, den Traum von nationaler Größe im Wilhelminischen Kaiserreich, die Entwertung des nationalen Ideals im Gefolge des Nationalsozialismus und das verschwommene, relativ farblose »Wir-Bild« der Bundesdeutschen (vgl. z.B. Süd D, 368 ff.). »Zivilisation« – ohne bestimmten Artikel gebraucht – stellt damit ein theoretisches Konstrukt dar, das auf spezifische Zivilisationsprozesse – im Plural – angewandt wird. Damit ist klargestellt, dass Elias sich keinerlei ethnozentrische Perspektive zu eigen macht, die etwa mit missionarisch-teleologischem Eifer den westeuropäischen Zivilisationsprozess als Ausgangspunkt eines letztlich weltumspannenden Prozesses der Zivilisierung aller anderen Erdteile auffassen würde.[88]

Diese Erweiterungen und Differenzierungen demonstrieren die besondere Qualität der Staatsbildungs- und Zivilisationstheorie im Unterschied zu anderen geschichtsphilosophischen oder -soziologischen Konzeptionen. Es ist ihr Spezifikum, *den* Zivilisationsprozess nicht als Dogma zu begreifen, sondern psychogene Zivilisationsprozesse stets in ihrer Interdependenz mit soziogenen Differenzierungs- und Integrationsprozessen zu analysieren, wobei das Augenmerk nicht auf die Feststellung von Gleichförmigkeit, sondern auf die Erklärung von Variation gelegt wird.

5. Die Prozess- und Figurationstheorie: »Die Gesellschaft der Individuen«

Mit seiner Studie über den Zivilisations- und Staatsbildungsprozess hat Norbert Elias das Geschichtsverständnis revolutioniert: Entweder hatte man bis dahin den historischen Prozess in *individualistischer* Perspektive als Personengeschichte aufgefasst, d.h. als Resultat der Entscheidungen und Handlungen einzelner mächtiger Könige, Fürsten oder Staatsmänner. Oder die Geschichte wurde in *strukturalistischer* Manier als autonome, ontologische Entwicklung interpretiert, die auf das Wirken anonymer Kräfte zurückgeführt wurde, sei es, wie bei Hegel, in Form eines »Weltgeistes«, der sich der Individuen lediglich bedient, oder sei es, wie bei Marx, in Form eines »geschichtlichen Bewegungsgesetzes«. Im Rahmen seiner empirisch-theoretischen Untersuchungen zum ungeplanten, aber langfristig-strukturierten Zivilisations- und Staatsbildungsprozess widerspricht Elias beiden Deutungen: Gegen die individualistische Sichtweise spricht, dass die Regelmäßigkeiten und Muster, die der gesellschaftliche Entwicklungsprozess aufweist, es äußerst unwahrscheinlich erscheinen lassen, dass frei entscheidende Individuen den Gang der Geschichte bestimmen. Vielmehr folgen langfristige Prozesse auch überindividuellen Gesetzmäßigkeiten, die stärker sind als jeder Einzelne, und sei er auch ein noch so mächtiger Souverän.

Diese überindividuellen Gesetzmäßigkeiten stehen im Mittelpunkt der strukturalistischen Geschichtsauffassung. Einen Erfahrungswissenschaftler, wie Elias es war, kann es jedoch nicht zufriedenstellen, wenn derartige Theorien dem geschichtlichen Entwicklungsprozess eine Richtung und ein Ziel *a priori* vorgeben. Durch ihre Setzung von Beginn, Richtung und Ziel erhalten strukturalistische Entwicklungstheorien letztlich einen metaphysischen und eschatologischen Charakter. Weil eine apriorische Setzung von Richtung und Ziel unvermeidlich Wertmomente enthält, indem Geschichte beispielsweise als »Fortschritt« in Richtung auf eine bestimmte, als ideal angesehene Gesellschaftsform gedeutet wird, stellen strukturalistische Geschichtsdeutungen Ideologien dar. So weisen derartige Geschichtstheorien eine eindeutige politische Prägung auf – sei sie nun revolutionär oder konservativ. Als empirisch orientierter Menschenwissenschaftler musste Elias deshalb Geschichtsauffassungen ablehnen, die den Gesellschaftsprozess auf das Wirken anonymer Mächte statt auf das Handeln lebendiger Menschen zurückführen.

Wie entsteht, wenn nicht abstrakte Prinzipien, sondern Menschen die Subjekte des gesellschaftlichen Entwicklungsprozesses sind, aus den Handlungen und Entscheidungen vieler Einzelner ein langfristiger Prozess, der bestimmte Muster und Regelmäßigkeiten aufweist und deshalb nicht mehr auf die Interessen, Ziele und Handlungen einzelner Individuen zurückgeführt werden kann? Wie kommt es, dass sich die gesellschaftliche Entwicklung als ein im Ganzen ungeplanter, aber dennoch spezifisch strukturierter Prozess darstellt? Das Bindeglied, das zu erklären vermag, wie aus den Akten der Individuen die langfristigen Strukturen des Gesellschaftsprozesses erwachsen, sind die *Verflechtungszusammenhänge* oder *Figurationen*, die die Menschen miteinander bilden. Als *Figurationen* bezeichnet Elias die Interdependenzgeflechte, die die einzelnen Menschen und ihre Motive aneinander binden und sie dazu bringen, in einer ganz spezifischen Weise zu handeln, in einer Weise, in der sie vielleicht nicht handeln würden, wenn sie wirklich völlig frei, also frei von sozialen Abhängigkeiten wären. Im ersten und vor allem im zweiten Band seines Werkes *Über den Prozeß der Zivilisation* hat Norbert Elias zahlreiche Figurationen aufgewiesen, die für die Entwicklung der abendländischen Zivilisation entscheidende Bedeutung hatten, so das Gesetz der Feudalisierung, die Konkurrenzfiguration, den Monopolmechanismus und den Königsmechanismus.

Figuration und *Prozess* heißen auch die zentralen Begriffe der allgemeinen menschenwissenschaftlichen Theorie, die Norbert Elias entwickelt hat. Seine Staatsbildungs- und Zivilisationstheorie ist nicht nur eine empirisch-theoretische Studie der langfristigen Menschheitsentwicklung, sondern auch eine allgemeine menschenwissenschaftliche Theorie, die sich auf alle gesellschaftlichen Phänomene und Prozesse anwenden lässt. Nach ihren zentralen Konzepten wird diese Theorie heute als *Prozeß- und Figurationstheorie* bezeichnet.[89] Die Grundlinien dieser Prozess- und Figurationstheorie hat Elias in seinem Hauptwerk *Über den Prozeß der Zivilisation* entwickelt. Ursprünglich als Teil dieses Hauptwerks – quasi als »dritter Band« – geplant, verfasste Elias 1939 eine allgemein-theoretische Schrift mit dem Titel *Die Gesellschaft der Individuen*, die lange Zeit verschollen war, seit 1987 aber in einem gleichnamigen Band veröffentlicht ist, der zusätzlich zwei Überarbeitungen enthält: »Probleme des Selbstbewußtseins und des Menschenbildes«, entstanden in den 1940er und 1950er Jahren, und »Wandlungen der Wir-Ich-Balance« (1987). Außerdem gehen wesentliche Passagen seines Buches *Was ist Soziologie?* (1970) auf diese Schrift zurück. Der Begriff »Figuration«, der hauptsächlich in *Was ist Soziologie?* entfaltet wird, geht auf den Begriff »Verflechtungsfigur« zurück, den Elias früher verwandt hatte (z.B. PdZ II, 240; GdI, 45).

Das zentrale Thema der Schrift *Die Gesellschaft der Individuen* bildet Elias' Auseinandersetzung mit den oben bereits skizzierten gesellschaftstheoretischen Strömungen des *Individualismus* und des *Strukturalismus*, die nicht nur unterschiedliche Geschichtsauffassungen darstellen, sondern die gesamte soziologische Theoriebildung bis heute in zwei feindliche Lager teilen.[90] Obwohl sich beide Strömungen diametral gegenüberstehen, bilden sie dennoch, wie Elias sagen würde, eine »Paradigmagemeinschaft«, weil sie auf dem gleichen Fehler beruhen, nämlich einer künstlich-analytischen Trennung von »Individuum« und »Gesellschaft«, wobei sich der Individualismus auf die Perspektive des Individuums, der Strukturalismus auf die gesellschaftliche Perspektive konzentriert. Beiden Theorien setzt Elias seinen figurationstheoretischen Ansatz entgegen, der die fundamentale Gesellschaftlichkeit der Menschen zum Ausgangspunkt aller Analysen macht und damit Individuum und Gesellschaft in einer spezifischen Weise wieder miteinander vereinigt.

Das Menschenbild der Prozess- und Figurationstheorie

Jede sozialwissenschaftliche Theorie basiert auf einem Menschenbild, das ihr explizit als anthropologische Prämisse oder zumindest implizit als unterschwellige Voraussetzung zugrunde liegt. Beispiele für typische Menschenbilder, wie sie in den Sozialwissenschaften vorkommen, sind die Vorstellung eines rational handelnden, seinen Eigennutz maximierenden Wesens (*homo oeconomicus, rational choice theory*) oder das Bild des Menschen als eines Wesens, dessen Denken und Handeln von angeborenen Trieben bestimmt wird (*Psychoanalyse*). Besonders verbreitet ist das Bild des *homo clausus*, des Menschen als vereinzelter Monade, die ihre individuellen Ziele, Pläne, Handlungsentscheidungen frei von anderen aufgrund ihrer Werte, Interessen und Denkstrukturen bestimmt (PdZ 1, XLVI).

Da die Leistungsfähigkeit einer menschenwissenschaftlichen Theorie mit ihren Prämissen steht oder fällt, bemüht sich die Prozess- und Figurationstheorie, mit einem qualitativen Minimum an anthropologischen Prämissen auszukommen. So verzichtet Elias darauf, anthropologisch festzulegen, ob der Mensch ein rationales oder ein triebbestimmtes Wesen ist, ob er egoistisch oder altruistisch ist. Elias' Anthropologie sieht die Menschen als prinzipiell offene, durch die gesellschaftlichen Umstände formbare Wesen. Anthropologisch konstant ist lediglich ein Merkmal, das allerdings wesentlich für den figurationstheoretischen Ansatz ist: die fundamentale Gesellschaftlichkeit des Menschen. Elias leitet dieses Axiom aus der biologischen Konstitution des Menschen ab, die dadurch gekennzeichnet ist, dass die Menschen über so wenig angeborene Verhaltensregulative verfügen, dass sie von Geburt an und zeit ihres gesamten Lebens auf Hilfe, Kommunikation, Lernen, Sozialisation, kurzum: auf andere Menschen angewiesen sind (WiS, 116). Eine weitere Konsequenz seiner biologischen Konstitution ist die Wandelbarkeit des Menschen: »Es gehört zu den Eigentümlichkeiten der Menschen, daß sie von Natur aus in besonderer Art und Weise wandelbar sind.« (WiS, 114) Menschen verändern sich von Geburt an ständig in Auseinandersetzung mit ihrer gesellschaftlich geprägten Umwelt. Das Neugeborene ist, wie Elias sagt, »der Entwurf eines Menschen« (GdI, 42), seine psychische Struktur ist formbar und verlangt nach Formung.

Im Prozess der Sozialisation werden gesellschaftlich vorgeformte Modelle internalisiert: Sprache, Denkweisen, Verhaltensmodelle, gesellschaftliche Normen und Werte, Zwänge und Gebote, der Modus der Verhaltenssteuerung, die Beziehungen zu anderen, mit anderen Worten: alles, was wir heute als »Persönlichkeitsstruktur« bezeichnen. Es ist die Wandelbarkeit des Menschen, seine Angewiesenheit auf Sozialisation, die für die Interdependenz von Psychogenese und Soziogenese, das Thema der Zivilisations- und Staatsbildungstheorie, verantwortlich ist.

Elias' Zivilisationstheorie hat gezeigt, dass sich mit der Differenzierung der gesellschaftlichen Funktionen auch die psychischen Funktionen ausdifferenzieren. Die Differenzierung der menschlichen Psyche in die psychoanalytischen Kategorien »Ich« (Bewusstsein), »Es« (Triebstruktur) und »Über-Ich« (Gewissen) ist demnach nicht angeboren, sondern das Resultat des gesellschaftlichen Differenzierungsprozesses (GdI, 56).[91] Interdependenz von Soziogenese und Psychogenese heißt, dass jeder gesellschaftlichen Entwicklungsstufe bestimmte Persönlichkeitsstrukturen entsprechen. Die menschliche Persönlichkeit ist das Produkt gesellschaftlicher Prozesse. Inwieweit Menschen rational handeln oder sich triebhaft verhalten, inwieweit sie individualistisch oder auf soziale Gemeinschaften orientiert sind, ist keineswegs angeboren, einer konstanten »menschlichen Natur« eigen, sondern hängt von dem jeweiligen zivilisatorischen Entwick-lungsstand ab.

Die Anforderungen an die Triebregulierung und Selbststeuerung sind umso größer, je höher das gesellschaftliche Interdependenzniveau ist. Je intensiver die Trieb- und Affektkontrolle ist, desto länger dauert der Sozialisationsprozess und desto größer ist die Distanz vom Kind zum Erwachsenen (GdI, 50, 169 ff.). Im Mittelalter genügten zwölf bis vierzehn Jahre, um die »Erwachsenenreife« zu erlangen, d.h. die gesellschaftlichen Verhaltensanforderungen zu erfüllen. Heute kann die Zeitspanne, die erforderlich ist, um hohe gesellschaftliche Positionen zu erreichen, die einen Universitätsabschluss voraussetzen, gut doppelt so lang sein. Der gesellschaftliche Zivilisationsprozess wiederholt sich damit in jedem heranwachsenden Individuum von Neuem: Die Ontogenese, die individuelle Entwicklung, spiegelt die Soziogenese, die gesellschaftliche Entwicklung, wider (PdZ 1, 330; GdI, 162).

Die Persönlichkeitsstruktur »des Menschen« ist daher keine anthropologische Konstante. Norbert Elias hat gezeigt, dass sich die Menschen im frühen Mittelalter von den Menschen der westlichen Gegenwartsgesellschaften ganz erheblich unterschieden. Selbst das menschliche Denken funktioniert nicht in allen Gesellschaften, zu allen Zeiten gleich (PdMuS, 115) – es ist, wie der Modus der menschlichen Verhaltenssteuerung, eine abhängige Variable des gesellschaftlichen Entwicklungsprozesses. Die anthropologische, biologisch vorgegebene Konstante der menschlichen Natur ist ihre Wandelbarkeit. Der Mensch ist keine Konstante, sondern offen gegenüber Umwelteinflüssen und Veränderungen: »Der Mensch *ist* ein Prozeß.« (WiS, 127)

Zu den wandelbaren psychischen Funktionen gehört auch die menschliche Beziehungsfunktion, die das Verhältnis zu den Mitmenschen regelt. Elias bezeichnet ihre Wandelbarkeit als Voraussetzung für die Wandelbarkeit der menschlichen Gesellschaft, als »Voraussetzung für die fundamentale Geschichtlichkeit der menschlichen Gesellschaft« (GdI, 58). Was jedoch konstant ist, ist die fundamentale Gesellschaftlichkeit des Menschen. Aus dem biologisch angelegten Bedürfnis nach Sozialisation folgt, dass Menschen »von Grund auf zeit ihres Lebens auf andere Menschen ausgerichtet und angewiesen, von anderen Menschen abhängig« sind (PdZ 1, LXVII). Die Tatsache, dass Menschen als Individuen überhaupt nicht überlebensfähig, ja, noch nicht einmal denkbar sind, lässt Elias stets von Menschen im Plural sprechen: »Da Menschen erst von Natur, dann durch gesellschaftliches Lernen, durch ihre Erziehung, durch Sozialisierung, durch sozial erweckte Bedürfnisse gegenseitig voneinander mehr oder weniger abhängig sind, kommen Menschen [...] nur als Pluralitäten, nur in Figurationen vor.« (PdZ 1, LXVII)

Elias fasst die beiden Hauptkennzeichen des prozess- und figurationstheoretischen Menschenbildes, die Wandelbarkeit und die

Gesellschaftlichkeit der Menschen, dahingehend zusammen, dass Menschen stets als Vielheiten »relativ offener, interdependenter Prozesse« erscheinen. Das falsche Bild vom »homo clausus«, der vereinzelten, auf die Maximierung ihres Eigennutzes bedachten Monade, wird ersetzt durch das Bild der »homines aperti« (WiS, 131, 135). Damit sind wir bei den zentralen Begriffen von Elias' Theorieentwurf angelangt, nämlich *Figuration* und *Prozeß*.

Figuration und Prozess

Wenn Menschen »nur als Pluralitäten, nur in Figurationen« vorkommen, sind es die Figurationen, die den Bezugspunkt jeder menschenwissenschaftlichen Analyse darstellen müssen. Unter »Figurationen« versteht Elias Geflechte von zwischenmenschlichen Interdependenzen. Die Interdependenzen, die Menschen aneinander binden und aufeinander angewiesen sein lassen, können vielfältiger Natur sein. Zu den grundlegenden menschlichen Interdependenzen gehören *affektive Valenzen*, d.h. Emotionen der Sympathie und Antipathie, der Angst, der Überlegenheit und viele andere Gefühle.

Soziale Interdependenzen entstehen durch die Verkettung und Verflechtung der individuellen Handlungen. Solche Handlungsketten und -netze können mitunter sehr lang und sehr komplex, die Interdependenzen zwischen den einzelnen Beteiligten sehr indirekt bzw. transitiv werden: Wenn Person A mit Person B interagiert, kann dies beispielsweise Auswirkungen auf Person C haben, die A überhaupt nicht kennt, die aber eine Beziehung zu B hat. Soziale Interdependenzen können sich auch zu sozialen Institutionen kristallisieren. Organisationen, soziale Normen, das Recht sind Beispiele für die Institutionalisierung bestimmter wechselseitiger Abhängigkeiten. Die Ausdifferenzierung gesellschaftlicher Teilfunktionen in immer spezieller werdende Institutionen ist wiederum der Hauptgrund für das steigende Niveau der Interdependenzen zwischen diesen Teilfunktionen.

Ökonomische Interdependenzen stellen von jeher eine besonders wichtige Art von Abhängigkeiten dar. Durch ökonomischen Konkurrenzdruck erzwungen, differenzieren sich auch die wirtschaftlichen Funktionen, was sich vor allem in zunehmender inner- und zwischenbetrieblicher Arbeitsteilung niederschlägt. Zunehmende Arbeitsteilung bedeutet wiederum steigende Interdependenz, da die sich ausdifferenzierenden Teiltätigkeiten synchronisiert und standardisiert werden müssen.

Räumliche Verflechtungen binden die Menschen ebenfalls aneinander. In einer englischen Gemeindestudie hat Elias zusammen mit John Scotson Figurationen und Prozesse analysiert, die auf räumlichen Interdependenzen beruhten: »[...] Menschen bauen auch Beziehungen auf, wenn sie ›zusammen am gleichen Ort leben‹, wenn sie ihr Heim am gleichen Platz errichten. Die Interdependenzen, die sich von selbst zwischen ihnen als Siedler aufbauen, dort wo sie schlafen und essen und ihre Familien aufziehen, sind die spezifischen räumlichen Interdependenzen.« (EuA, 146; im englischen Original heißt es »community interdependencies«.)

Affektive, soziale, ökonomische und räumliche Interdependenzen bilden mehr oder weniger komplexe Geflechte, in die der Einzelne hineingeboren wird, in denen er aufwächst, sozialisiert wird, handelt und die er durch sein Handeln wiederum konstituiert und verändert. Von den Interdependenzgeflechten hängt es ab, in welcher Weise ein Mensch sozialisiert wird, welche Persönlichkeitseigenschaften er entwickelt und welchen Handlungsstil er ausbildet.

Interdependenzen geben dem Einzelnen die Ziele seines Handelns vor und gleichzeitig die entsprechenden Handlungsmöglichkeiten und -restriktionen. Die Figurationen, in die der einzelne Mensch eingebunden ist, legen damit den Spielraum für seine individuellen Handlungsentscheidungen fest:

»Pläne und Handlungen, emotionale und rationale Regungen der einzelnen Menschen greifen beständig freundlich oder feindlich ineinander. [...] Das Miteinanderleben der Menschen, das Geflecht ihrer Absichten und Pläne, die Bindungen der Menschen durcheinander, sie bilden, weit entfernt die Individualität des Einzelnen zu vernichten, vielmehr das Medium, in dem sie sich entfaltet, sie setzen dem Individuum Grenzen, aber sie geben ihm zugleich einen mehr oder weniger großen Spielraum. Das gesellschaftliche Gewebe der Menschen bildet das Substrat, aus dem heraus, in das hinein der Einzelne ständig seine individuellen Zwecke spinnt und webt.« (PdZ II, 314, 476f.)

Figurationen sind keineswegs statische Gebilde, wie man den Begriff vielleicht missverstehen könnte, sondern Interaktionsgeflechte, die sich in ständigem Wandel befinden, aber dennoch gewisse Regelmäßigkeiten zeigen. Die Stabilität gesellschaftlicher Figurationen gleicht, um eine Analogie aus der Biologie heranzuziehen, einem »Fließgleichgewicht« (GdI, 11). Diese Gleichzeitigkeit von Dynamik und Struktur ist nicht einfach zu verstehen. Elias veranschaulicht den spezifischen Charakter von Figurationen am Beispiel von Gesellschaftstänzen, bei denen alle Tänzer und Tänzerinnen in ständiger Bewegung sind, aber dennoch spezifische Beziehungen zueinander aufweisen, die sie bestimmte Tanzmuster ausführen und wiederholen lassen. Obschon jeder Tänzer seinen Part individuell etwas anders tanzt, kann man die einzelnen Individuen austauschen, ohne dass sich die Tanzfiguration insgesamt ändert. Anhand solcher, relativ einfacher Modelle von Spielen, in denen eine begrenzte Zahl von Akteuren mit einem klaren Ziel vor Augen nach genau festgelegten Regeln handelt (WiS, 75ff.), demonstriert Elias, wie sich innerhalb von Interdependenzbeziehungen Handlungs- und Reaktionsketten entwickeln, in denen jede Handlung die Parameter für nachfolgende Handlungen setzt, ohne dass man die einzelne Handlung als isoliertes Phänomen ansehen könnte: »Man kann die Abfolge der Akte beider Seiten nur in ihrer Interdependenz miteinander verstehen und erklären.« (WiS, 83)

Aus der Aufeinanderfolge von individuellen Handlungen ergibt sich ein Verflechtungsprozess, der die beteiligten Individuen zwingt, in einer Weise zu handeln, in der sie ohne die zugrunde liegenden Interdependenzen und die vorangegangenen Interaktionen nicht handeln würden (WiS, 98). Der Verflechtungsprozess gewinnt eine »relative Autonomie gegenüber den Plänen und Absichten« der einzelnen Akteure, »die ihn durch ihre eigenen Handlungen hervorrufen und in Bewegung halten«. Anders ausgedrückt: Der Verflechtungsprozess, die Verkettung von Handlungen, gewinnt »Macht über das Verhalten und Denken« der beteiligten Akteure (WiS, 100). Je intensiver die Interdependenzen sind, die die Menschen aneinander binden und aufeinander ausrichten, je größer die Zahl der direkt oder indirekt miteinander verketteten Menschen ist, je komplexer das Netzwerk der Abhängigkeiten ist und je dichter die einzelnen Handlungen aufeinanderfolgen, desto deutlicher tritt die überindividuelle »Eigendynamik« des Beziehungsgeflechtes hervor. Es kommt zu Entwicklungen, die sich aus planvollen individuellen Handlungen zusammensetzen, als Ganzes jedoch ungeplant sind, dessen ungeachtet aber eine spezifische Struktur aufweisen.

Wenn hier gesagt wird, dass Figurationen einen überindividuellen Charakter haben, also weitgehend unabhängig von den persönlichen Interessen, Handlungen und Eigenschaften der Individuen sind, die sie bilden, dann heißt das wiederum nicht, dass Figurationen Entitäten wären, die in irgendeiner Weise unabhängig von Individuen existieren:

»Zu sagen, daß Individuen Figurationen bilden, bedeutet, daß der Ausgangspunkt für jede soziologische Untersuchung eine Pluralität von Individuen ist, die in der einen oder anderen Weise interdependent sind. Zu sagen, daß Figurationen nicht reduzierbar seien, bedeutet, daß sie weder in Begriffen erklärt werden können, die implizieren, daß sie in irgendeiner Weise unabhängig von Individuen existieren, noch daß sie in Begriffen erklärt werden können, die implizieren, daß Individuen in irgendeiner Weise unabhängig von ihnen existieren.« (EuA, 170)

Dieser eigentümliche Charakter menschlicher Beziehungsgeflechte, eine gewisse Autonomie gegenüber den sie bildenden Menschen zu gewinnen, obwohl sie aus nichts als diesen Menschen bestehen, vermag das Dilemma von individualistischen und strukturalistischen Erklärungsansätzen historischer und gesellschaftlicher Prozesse zu erklären. Die Eigendynamik, die Figurationen gewinnen, kann so stark sein, dass viele Geschichtsphilosophen und Gesellschaftstheoretiker versucht waren, an das Wirken irgendwelcher anonymen Mächte und Prinzipien zu glauben, die sich der Menschen lediglich bedienen, um irgendeinen »Zweck der Geschichte« zu erreichen. Auf gesellschaftlicher Ebene ist die Stärke der Figurationsdynamik, ihre Invarianz gegenüber individuellen Zielen, so unübersehbar, dass Materialisten wie Marx sie als »Naturgesetz« und Idealisten von Hegel bis zu Talcott Parsons, dem Theoretiker der soziologischen Systemtheorie, sie als »Geist«, »Vernunft« oder Gott selber – in einer Art von »historischem Pantheismus« (GdI, 104 f.) – ontologisch verabsolutiert haben.

Diese teleologische Deutung ist nicht nur methodologisch unhaltbar (weil sie metaphysisch ist), sondern sie übersieht auch, dass sich aus Verflechtungsprozessen Entwicklungen ergeben können, die nicht nur von keinem der beteiligten Individuen gewollt wurden, sondern die auch für alle Beteiligten von Nachteil bzw. »dysfunktional« sein können. Während die strukturalistischen Geschichts- und Gesellschaftstheorien unterstellen, dass der historische Prozess ein Fortschritt ist, zeigt die empirische Realität, dass die Geschichte der menschlichen Gesellschaft reich an Katastrophen und Zusammenbrüchen von Kulturen ist, die als solche natürlich nicht geplant, aber dennoch das Resultat des Zusammenwirkens individuell planvoller Handlungen waren.

Andererseits sind es die gleichen Interdependenzgeflechte, die dafür verantwortlich sind, dass auch die individualistische Gesellschafts- und Geschichtsauffassung in die Irre führt, denn Menschen können niemals »frei« sein, frei handeln und frei entscheiden. Auch wenn Menschen den subjektiven Eindruck haben, sie könnten »frei entscheiden«, so sind die Parameter, aufgrund deren sie ihre Entscheidungen treffen, von den figurationalen Verflechtungen vorgegeben. Zwar lassen diese Interdependenzen den Menschen in den meisten Fällen gewisse Spielräume, ihr Handeln ist nur in Ausnahmefällen vollkommen durch soziale Zwänge determiniert. Das Geflecht der Abhängigkeiten bestimmt jedoch die Bahnen, in denen sich die Mitglieder der Figuration verhalten. Und Elias (GdI, 77) betont, dass kein Mensch, auch nicht der mächtigste und fähigste, »die Eigengesetzlichkeit des Menschengeflechts, aus dem heraus, in das hinein er agiert, durchbrechen« kann.

Macht und Machtbalancen

Wenn Menschen ihr Handeln nicht selbst bestimmen können, sondern von anderen Menschen abhängig sind, sprechen wir von dem Phänomen der *Macht*. Tatsächlich ist Macht ein Schlüsselkonzept bei der Analyse von Figurationen, die ja als Geflechte von Interdependenzen, von wechselseitigen Abhängigkeiten, definiert sind. Abhängigkeit, auch in offensichtlich positiven Formen, bedeutet Macht im Sinne der Chance, die Handlungen des anderen in ihrer Richtung zu steuern (WiS, 98). Immer wenn ein Mensch von einem anderen abhängig ist – und sei es aufgrund einer emotionalen Valenz –, übt dieser bewusst oder unbewusst Macht über ihn aus, weil er ihn dazu bringt, in einer Weise zu handeln, in der er ohne diese Interdependenz nicht handeln würde. Daraus ergibt sich eine Reihe von Konsequenzen:

1. Daraus, dass Menschen nur in Figurationen vorkommen, und daraus, dass Abhängigkeitsbeziehungen auch immer Machtbeziehungen sind, folgt logisch, dass Macht eine »Struktureigentümlichkeit menschlicher Beziehungen – aller menschlichen Beziehungen« (WiS, 77) ist. Das Phänomen der Macht ist allgegenwärtig.
2. Wenn sich Macht auf Interdependenzbeziehungen gründet, dann ist Macht keine Eigenschaft, die man »besitzen« kann, sondern ein Beziehungsbegriff. Macht kann immer nur zwischen zwei (oder mehr) Menschen existieren, die interdependent sind. »Besitzen« kann man Machtquellen oder Machtmittel (z.B. Gewalt, Geld, Sanktionspotenzial etc.); die Realisation von Macht hängt jedoch auch davon ab, über welche Machtquellen der andere verfügt.
3. Weil Macht ein Beziehungsbegriff ist und immer die Beziehung zwischen Menschen beschreibt, schlägt Elias vor, den verdinglichten Machtbegriff durch den Begriff der *Machtbalance* bzw. des *Machtdifferentials* zu ersetzen (WiS, 76 f.). Denn eine Machtbeziehung ist immer wechselseitig, ohne symmetrisch sein zu müssen. In dem Grad, in dem der eine stärker auf den anderen angewiesen ist als umgekehrt, besteht ein Machtunterschied zwischen beiden. Aber selbst der Schwächere – sogar der Sklave gegenüber seinem Herrn – kann stets

ein wenig Macht auch über den Stärkeren ausüben, solange er einen Wert für ihn darstellt und der Stärkere deshalb auch ein wenig von dem Schwächeren abhängig ist.

4. Der Begriff der Machtbalance macht darüber hinaus deutlich, dass Machtbeziehungen dynamisch sind. So wie sich Figurationen in ständiger Bewegung befinden, so ändern sich auch die Interdependenzen, die Abhängigkeiten zwischen den Menschen, ständig. Machtbalancen können sich daher langsamer oder schneller verschieben, sie können sich umkehren oder stabilisieren. Wie sich eine Machtbalance zwischen zwei Individuen oder auch zwei Gruppen entwickelt, ist häufig nicht nur von den direkt Beteiligten abhängig, sondern auch von anderen Beziehungspartnern im Interdepedenzgeflecht.

5. Abgesehen von ihrer Bipolarität sind Machtbeziehungen auch transitiv. In komplexen Interdependenzgeweben wird Macht nicht selten indirekt ausgeübt – ohne dass es jemanden geben muss, in dessen Interesse diese Machtausübung ist. Eskalationsprozesse stellen typische Beispiele für transitive Machtbeziehungen dar, die sich negativ auf alle Beteiligten auswirken. »Anonyme Macht von Organisationen«, »Staatsmacht«, »strukturelle Gewalt« oder »Sachzwänge« sind ebenfalls Resultate sehr komplexer Interdependenzen, hinter denen aber letztlich immer Menschen mit ihren Interessen und Abhängigkeiten stehen.

6. Machtbalancen existieren nicht nur zwischen Individuen, sondern auch zwischen Gruppen. Das Verhältnis zwischen Gruppen wird sogar entscheidend von den Machtbeziehungen zwischen ihnen bestimmt. Ein wesentlicher Faktor für die Machtbalance zwischen zwei Gruppen ist der Grad an Zusammenhalt innerhalb der jeweiligen Gruppen; Instrumente der Machtausübung sind u.a. Stigmatisierung anderer als Fremde, Vorurteile gegenüber den Angehörigen der Fremdgruppe, individuelle und kollektive Diskriminierung.

7. Abhängigkeitsbeziehungen haben viele – emotionale, soziale, wirtschaftliche und räumliche – Aspekte. Deshalb haben auch Machtquellen polymorphen Charakter (WiS, 97). Selbst eine affektive Valenz stellt eine Machtquelle dar und kann als solche gebraucht (bzw. »missbraucht«) werden.

Dass menschliche Beziehungen immer Machtbeziehungen sind und Macht daher ein allgegenwärtiges Phänomen ist, wird in einer demokratischen Gesellschaft, in der Freiheit und Gleichheit die elementaren politischen Werte darstellen, oft tabuisiert. Auch deshalb haben harmonistische Gesellschaftstheorien, die auf »Systemintegration« setzen, so viel Anklang gefunden. Dass Macht heute negativ eingeschätzt wird, darf uns jedoch nicht daran hindern, Machtbalancen zum Gegenstand jeder sozialwissenschaftlichen Analyse zu machen. Machtspannungen gehören sogar zu den wesentlichen Impulsen für gesellschaftliche Strukturwandlungen und können schon deshalb nicht aus der Analyse ausgeblendet werden. Würde man das Phänomen der Macht ignorieren, wäre man naiv und blind für die wirklichen Faktoren, die das Zusammenleben der Menschen bestimmen.

Zusammenfassung

Die Prozess- und Figurationstheorie stellt eine allgemeine menschenwissenschaftliche Theorie dar, die zur Erklärung gesellschaftlicher Phänomene jeglicher Art angewendet werden kann. Wodurch zeichnen sich nun prozess- und figurationstheoretische Analysen gegenüber Analysen auf der Basis anderer soziologischer Theorieansätze aus?

Erstens haben sich Analysen sozialer Prozesse auf Menschen zu beziehen.[92] Diese Forderung ist keineswegs so trivial, wie sie erscheinen mag. Zahlreiche soziologische Theorien versuchen, die soziale Realität allein mit »emergenten«, abgeleiteten Konzepten zu »erklären«, z.B. mithilfe von »Variablen«, »Strukturen«, »Bewegungsgesetzen« oder »Systemfunktionen«, also mit Konzepten, die keinerlei direkten Bezug mehr zu Menschen aufweisen. Die Gesellschaft hat jedoch, so Elias, »keinen Körper, keine ›Substanz‹ außerhalb der Individuen« (GdI, 91 f.). Diese erst methodologische Forderung grenzt die Prozess- und Figurationstheorie scharf von strukturalistischen, makrosoziologischen Ansätzen ab.

Zweitens ist der »Ausgangspunkt nicht beim einzelnen Individuum zu suchen, sondern bei den Figurationen, die diese Individuen miteinander bilden.«[93] Da Menschen nur als Pluralitäten vorkommen und sich immer in Abhängigkeitsnetzen befinden, hat jede menschenwissenschaftliche Analyse zunächst die affektiven, sozialen, ökonomischen und räumlichen Interdependenzen zu untersuchen, die die Menschen aneinander binden, und daraus Figurationsmodelle zu bilden. Ihre spezifische Struktur erhalten Modelle von Interdependenzgeflechten durch die ausdrückliche Berücksichtigung des Machtaspekts, den alle zwischenmenschlichen Interdependenzbeziehungen aufweisen. Erst die figurationale Analyse weist die Wahrnehmungs-, Handlungs- und Ent-scheidungsspielräume auf, in denen Individuen zu agieren vermögen. Aus der spezifischen Verflechtung der einzelnen Menschen und ihrer aufeinanderfolgenden Handlungen resultiert schließlich die Eigendynamik von Figurationen, die auf den prozessualen Aspekt verweist. Mit der Forderung, nicht Individuen, sondern Figurationen zu analysieren, grenzt sich die Prozess- und Figurationstheorie von individualistischen Handlungstheorien ab.

Drittens haben sich alle menschenwissenschaftlichen Analysen auf Prozesse zu beziehen. Figurationen sind, genauso wie die Menschen, die sie bilden, keine statischen, sondern dynamische Gebilde. Manchmal wandeln sich Figurationen schneller, manchmal langsamer als die Menschen, die sie bilden, und manchmal verlaufen soziale und individuelle Prozesse parallel. Soziologische Momentaufnahmen reichen jedenfalls nicht aus, um die gesellschaftliche Wirklichkeit zu erklären, genauso wie die Betonung sozialer Stabilität, wie sie für bestimmte Systemtheorien typisch ist, der sozialen Dynamik von Figurationen nicht gerecht wird. Figurationale Prozesse verlaufen insgesamt ungeplant, obwohl sie dennoch spezifische Strukturen aufweisen, die Folge der Verflechtung der einzelnen, aneinander gebundenen Handlungen sind. Diese Prozessstrukturen zu ermitteln ist die primäre Funktion einer gleichermaßen explanativen und prognostischen Menschenwissenschaft.

Viertens haben menschenwissenschaftliche Analysen den Kontext langfristiger Prozesse zu analysieren. Viele figurationale Prozesse sind kurzfristiger Natur, wie etwa die Dynamik einer nur vorübergehend existierenden Kleingruppe, einer Konkurrenzfiguration von Wirtschaftsunternehmen oder einer Regierungskoalition. Dennoch steigt der Erklärungswert, wenn man diese Prozesse, so kurzfristig sie auch erscheinen mögen, in den Kontext langfristiger Prozesse stellt. Dies ist eine Konsequenz von Elias' Beobachtung, dass soziale Prozesse nicht unilinear verlaufen, sondern z.B. Pendelbewegungen aufweisen. Lediglich einen einzigen Pendelausschlag zu analysieren und ihn als Entwicklungsrichtung zu identifizieren wäre jedoch ein aktualistischer Fehlschluss, vor dem langfristige Analysen bewahren.

Fünftens ist der Modus des menschlichen Verhaltens als abhängige Variable des Gesellschaftsprozesses zu analysieren. Das bedeutet insbesondere, dass das Verhältnis von Rationalität und Affektivität, von Fremdkontrollen und Selbstkontrollen in Abhängigkeit von Zivilisationsprozessen zu untersuchen ist. Dabei ist in Rechnung zu stellen, dass das menschliche Verhalten zwischen den verschiedenen historischen Epochen bzw. gesellschaftlichen Entwicklungsphasen, zwischen verschiedenen sozialen Schichten einer Gesellschaft sowie zwischen Gesellschaften mit unterschiedlichem sozio- und psychogenetischem Entwicklungsstand differiert. Aus dem Verhaltenswandel, der sich im Verlauf von Zivilisationsprozessen zeigt, folgt insbesondere, dass Theorien des rationalen Handelns zu kurz greifen, weil sie sowohl die Affektivität menschlichen Handelns als auch die Wirksamkeit automatisierter Selbstkontrollen vernachlässigen.[94]

Allgemein formuliert sind im Rahmen prozess- und figurationstheoretischer Analysen Modelle von Figurationen zu entwickeln und zu überprüfen. Zwei besonders wichtige Figurationsmodelle werden im Zentrum des folgenden Kapitels stehen.

6. Räumlich-zeitliche Synthesemodelle

Während die traditionelle Soziologie versucht, die gesellschaftliche Realität durch Kausalgesetze zu erklären, lautet eine der wesentlichen Aussagen von Elias' prozess- und figurationstheoretischem Ansatz, dass sich Prozesse und Figurationen nicht durch einfache Kausalaussagen des »Wenn, dann«-Typs angemessen erklären lassen. Neben der Komplexität von Figurationen, die sich in der Regel der Abbildung durch einfache »Wenn, dann«-Beziehungen entziehen, werden Kausalgesetze dem Prozesscharakter von Figurationen nicht gerecht, wenn sie soziale Phänomene aus »Anfangsbedingungen« zu erklären versuchen. Verflechtungsprozesse in Elias' Sinn sind gerade dadurch charakterisiert, dass sie sich nicht aus solchen »Anfangsbedingungen« ableiten lassen. Verflechtungsprozesse haben keinen statischen »Anfang« oder »Ursprung«, sondern sind die dynamische Abfolge der Handlungen interdependenter Menschen, die eine zeitlich unendliche Sequenz bilden. In Abwandlung des berühmten Durkheim'schen Postulats, »Soziales nur durch Soziales« zu erklären, kann man die Quintessenz der prozess- und figurationstheoretischen Analyse auf die Formel bringen: »Figurationen können nur aus Figurationen, Prozesse nur aus Prozessen erklärt werden«.

Die methodologische Schlussfolgerung der Prozess- und Figurationstheorie besteht darin, Kausalgesetze durch räumlich-zeitliche Synthesemodelle zu ersetzen. Der Begriff »Synthesemodell« soll der Komplexität zwischenmenschlicher Interdependenzen gerecht werden, die zu Figurationsmodellen »synthetisiert« werden.

»Räumlich« sind diese Synthesemodelle, weil sie bestimmte räumlich – z.B. durch Gemeinde- oder Staatsgrenzen – definierte gesellschaftliche Einheiten erfassen sollen, und »zeitlich«, weil sie sich auf bestimmte Zeitabschnitte beziehen, seien es historische Epochen oder langfristige Entwicklungen, die in die gesellschaftliche Gegenwart geführt haben.

Elias selbst hat zwei solcher räumlich-zeitlichen Synthesemodelle aufgestellt: Das in seiner Habilitationsschrift entwickelte Modell der Figuration des absolutistischen Königshofes und das aus einer zusammen mit John Scotson durchgeführten Gemeindestudie hervorgegangene Modell der Figuration von Etablierten und Außenseitern.

Die höfische Figuration

In *Die höfische Gesellschaft*[95] analysiert Elias die Figuration des absolutistischen Königshofs, bevor er in *Über den Prozeß der Zivilisation* auch deren Genese untersuchen wird. In der Einleitung zu dieser Studie hebt er ihre paradigmatische Bedeutung im Rahmen der Prozess- und Figurationstheorie hervor. Das dort untersuchte soziologische Kernproblem, »wie die Figuration interdependenter Menschen beschaffen war, die es nicht nur möglich, sondern anscheinend nötig machte, dass sich viele Tausende von Menschen Jahrhunderte oder Jahrtausende hindurch immer und immer wieder ohne jede Kontrollmöglichkeit von einer einzelnen Familie oder deren Repräsentanten regieren ließen«, vermag, wie er ausdrücklich hervorhebt, »zugleich zur Aufklärung umfassender soziologischer Probleme der Gesellschaftsdynamik« (HG, 11 f.) beizutragen. Das empirisch-theoretische Modell der höfischen Figuration versteht Elias hierbei als ein Modell auf relativ niedriger Synthese-Ebene (vgl. WoW, 276), das sowohl räumlich als auch zeitlich klar abzugrenzen ist. Im Rahmen der umfassenderen zeitlich-räumlichen Synthese der Staatsbildungs- und Zivilisationstheorie untersucht Elias die höfische Gesellschaft des französischen Fürstenhofes von Heinrich IV. bis zu Ludwig XIV. als eine spezifische Entwicklungsphase der anfangslosen, ungeplanten, langfristig-strukturierten Sozio- und Psychogenese des Abendlandes. Die dynastische Staatsgesellschaft und ihre höfischen Eliten sind das Bindeglied zwischen der Feudalgesellschaft und der bürgerlich orientierten, modernen industrialisierten Staatsgesellschaft.

Dieses Modell einer spezifischen Figuration kann aber auch die Grundlage für systematische Vergleiche zwischen sozialen Einheiten mit gleichen oder ähnlichen Beziehungsverflechtungen bilden: »Man kann sie gleichsam als Muster über andere Figurationen ähnlicher Art legen und untersuchen, wie und warum sie gleiche oder verschiedene Struktureigentümlichkeiten und Funktionsweisen besitzen.« (WoW, 276) So kann z.B. die Studie des französischen Königshofes als Modell für die Untersuchung japanischer oder koreanischer Kaiser- und Königshöfe dienen. Solche vergleichenden Untersuchungen, die bisher für die höfische Gesellschaft noch fehlen, ermöglichen eine »Kontrolle der Modellbildung, die an Gewißheit hinter der durch experimentelle Kontrolle erreichten in keiner Weise zurücksteht« (WoW, 277).

Seine räumlich-zeitlichen Synthesemodelle versteht Elias als überprüfbare Realtypen, die einer kontinuierlich fortschreitenden Analyse und Synthesearbeit bedürfen. »Fürstenhöfe haben sich unter bestimmten Bedingungen im Zusammenhang mit spezifischen Machtkonstellationen oft ganz unabhängig voneinander in den verschiedensten Gesellschaften herausgebildet. Bereits die Tatsache, dass man auf sie alle das gleiche begriffliche Symbol, den Begriff des Fürstenhofes, beziehen kann und muss, zeigt an, dass es sich hier nicht um eine idealisierende Abstraktion handelt, der eigentlich keine Gemeinsamkeit oder Ähnlichkeit in der gesellschaftlichen Realität entspricht.« (WoW, 276) Das Ziel von Vergleichen ist die Standardisierung von Modellen, die dann als integrierender Bezugsrahmen für weiterführende Untersuchungen dienen können.

Zur Genese der höfischen Gesellschaft: Verhöflichungs- und Zivilisationsprozess

»Es ist mehr als ein zufälliges Nebeneinander«, wie Elias am Anfang des zweiten Bandes von *Über den Prozeß der Zivilisation* formuliert, »daß in den Jahrhunderten, in denen die Funktion des Königs und der Fürsten ihre absolutistische Gewalt erhält, auch jene Affekterhaltung und Mäßigung, [...] jene ›Zivilisation‹ des Verhaltens, spürbar stärker wird.« Die Wandlungen der Empfindungs-, Gefühls- und Denkstandards sind eng mit der Herausbildung »jener hierarchischen Gesellschaftsordnung verknüpft [...], deren Spitzenorgan der absolute Herrscher ist, und im weiteren Umfang betrachtet dessen Hof« (PdZ II, 3).

Im dritten Kapitel ist bereits beschrieben worden, wie im 12./13. Jahrhundert die größeren feudalen Territorialherren bedingt durch Bodenknappheit und Bevölkerungswachstum langsam an Stärke gewannen. An ihren Höfen sammelt sich kraft ihrer direkten oder indirekten Eingriffsmöglichkeiten in das Produktions- und Handelsnetz ein Reichtum an, der den Aufbau einer größeren Verwaltungsorganisation, die Vergabe von Geld statt Lehen für Dienste ermöglicht. Dieser erhöhten Nachfrage nach Diensten entspricht zur gleichen Zeit ein wachsendes Angebot durch die »zu kurz gekommenen Krieger oder andere vom Boden abgedrängte Existenzen« (PdZ II, 90). Dieser Dienst am Hof, das enge Zusammenleben von Personen unterschiedlichen Standes, führt durch eine veränderte Machtbalance aufgrund der sozialen Abhängigkeit zwischen größeren Territorialherren und den ehemals ›freieren‹ Kriegern zu einer Veränderung des ehemals ›ungebundenen‹ Verhaltens und Empfindens. »Der Druck des Hoflebens, die Konkurrenz um die Gunst des Fürsten [...], dann ganz allgemein die Notwendigkeit, sich von anderen zu unterscheiden und mit relativ friedlichen Mitteln, durch Intrigen und Diplomatie, um Chancen zu kämpfen, erzwang eine Zurückhaltung der Affekte, eine Selbstdisziplin oder ›self-control‹, eine eigentümliche höfische Rationalität« (PdZ Il, 7).

Dieser Entwicklungsprozess von spezifisch höfischen Ver haltensstandards wird durch den Konkurrenzkampf der größeren Territorialherren untereinander verstärkt. Der Hof wird zur Repräsentationsstätte für die Macht und den Reichtum der großen Territorialherren. Dort entwickelt sich jener Standard der Manieren, jene Konvention des Umgangs, der man in dieser Gesellschaft selbst den Namen »Courtoisie« gab. Mit anderen Worten: Die Soziogenese der großen, ritterlichen Feudalhöfe ist zugleich die Soziogenese des courtoisen Verhaltens. Damit ist zum einen angedeutet, dass sich courtoises Verhalten in erster Linie auf die wenigen sozial abhängigen Personen dieser kleinen Höfe bezieht, zum anderen, dass im Vergleich zu den Verhaltens- und Empfindungsstandards der späteren weltlichen Oberschicht des Abendlandes die Triebäußerungen in der courtoisen Oberschicht noch relativ ungebunden sind.

Das Gros der kleinen Ritter, die von den sich verändernden Interdependenzverflechtungen und Machtbalancen zunächst nur indirekt erfasst werden, führt auch weiterhin das Leben eines Kriegers. Ihre Triebe »sind wild, grausam, zu Ausbrüchen geneigt und hingegeben an die Lust des Augenblicks. Sie können es sein. Wenig in ihrer Lage zwingt sie dazu, sich selbst Zwang aufzuerlegen; wenig in ihrer Konditionierung, das auszubilden, was man ein strenges und stabiles Über-Ich nennen könnte, Funktion der in

Selbstzwänge transformierten Fremdzwänge und äußeren Abhängigkeiten.« (PdZ II, 96) Erst als es durch wachsende sozio-ökonomische Funktionsteilung und den Prozess der Staatsbildung zum Verlust der militärischen und wirtschaftlichen Autarkie und der Verhöflichung der Krieger und Fürsten kommt, also mit zunehmender Interdependenz, verwandeln sich auch die soziogenen Verhaltens-, Empfindungs- und Denkstandards. Diese langfristige Entwicklung, die in den kleinen, ritterlich-höfischen Kreisen einsetzt und sich über die Höfe der größeren Feudalherren bis zum absolutistischen Hof Ludwig XIV. fortsetzt, ist zugleich auch die Entwicklung von den Verhaltensstandards der Courtoisie zu den Standards der Civilité.

Der Prozess der Zivilisation erfasst zunächst eine kleine weltliche Oberschicht, weitet sich jedoch allmählich auf die gesamte Gesellschaft aus (Aristokratisierung des Bürgertums), wobei der königliche Hof an sozialer Bedeutung gewinnt, sich zur Modellierungswerkstatt der soziogenen Verhaltens- und Empfindungsstandards entwickelt. In der höfischen Gesellschaft formen sich neue Verhaltens-, Empfindungs- und Denkstrukturen: Ein neuer psychischer Habitus entsteht.

Komplementär hierzu bildet sich eine neue elitäre Kerngruppe von Adligen, welche zum einen durch die Abhängigkeit von der königlichen Gunst und zum anderen durch eine spezifische gesellschaftliche Stärke, die sich durch die Einflussmöglichkeiten auf die königliche Politik am Hof ergibt, gekennzeichnet ist. Der Konkurrenzkampf um die Gunst des Königs oder anderer einflussreicher Adliger zwingt hierbei die Höflinge zu einer Bändigung der Affekte zugunsten einer genau berechneten und durchnuancierten Haltung im Verkehr mit den Menschen. Bereits kleinste Veränderungen des Verhaltens oder der Stellung des Einzelnen im Rahmen des Hofzeremoniells gewinnen hierbei an Bedeutung. Sie sind ein sichtbares Zeichen der Beziehung des Einzelnen zum

König und seiner Position innerhalb der höfischen Gesellschaft. »Die intensive Durchformung der Etikette, des Zeremoniells, des Geschmacks, der Kleidung, der Haltung und selbst der Konversation hatte die gleiche Funktion. Jede Einzelheit war hier ein stets bereites Instrument im Prestigekampf, und die Durchformung diente nicht nur der demonstrativen Repräsentation und der gegenseitigen Eroberung von Status und Macht, der Distanzierung nach außen, sondern ebenso der Abstufung der Distanzen in Gedanken.« (HG, 169)

In der höfischen Gesellschaft gewinnt die Etikette eine symbolische Funktion von großer Bedeutung: Die Anwesenheit bei der morgendlichen Toilette des Königs, je nach Position des einzelnen Höflings abgestuft über verschiedene Räume, oder die Gunst, ihm beim An- oder Ausziehen bestimmte Kleidungsstücke reichen zu dürfen, werden zum Gradmesser der Stellung am Hofe. Der König nutzte seine privatesten Verrichtungen, um Rangunterschiede herzustellen und Auszeichnungen, Gnadens- oder entsprechend Missfallensbeweise zu erteilen.

König und Hofaristokratie verändern die Regeln der *Civilité* und des *Savoir-vivre*, um die Differenz zwischen den verschiedenen Personen am Hofe und, allgemeiner, zwischen den verschiedenen Ständen zu betonen. Die groben Unterschiede zwischen dem courtoisen Verhalten einer kleinen Anzahl von Höflingen und dem Gros der Bevölkerung im 14. Jahrhundert nehmen bis ins 18. Jahrhundert immer mehr die Form von feinen Unterschieden zwischen den Verhaltensstandards des Adels und des Bürgertums an.

Im Verlauf des Verhöflichungs- und Pazifizierungsprozesses der ehemalig freieren Krieger entwickelt sich die Zugehörigkeit zur höfischen Gesellschaft und die Position des Einzelnen in ihr zu einem deutlich lesbaren Zeichen der Differenz: »Die Adligen gingen nicht nur an den Hof, weil sie vom König abhängig waren, sondern sie blieben vom König abhängig, weil sie durch den Gang an den Hof und das Leben inmitten der höfischen Gesellschaft diejenige Distanz zu allen anderen aufrecht erhalten konnten, an der das Heil ihrer Seele, ihr Prestige als höfische Aristokraten, kurzum ihre gesellschaftliche Existenz und ihre persönliche Identität hingen.« (HG, 152) Ehre und Prestige bilden den Ausdruck für die Zugehörigkeit zur höfischen Figuration. In diesem sozialen Feld gründet sich das Selbstwertgefühl des einzelnen Menschen auf die gegenwärtige oder zukünftige Position innerhalb der höfischen Rangordung. Das Leben am königlichen Hof wird zum Selbstzweck des Daseins des Höflings.

Im 18. Jahrhundert fühlen sich die Adligen im Zuge ihrer Entfunktionalisierung durch das wirtschaftlich begünstigtere Bürgertum, das nach oben drängt und die höfische Lebensführung nachahmt, in ihrer sozialen Existenz mehr und mehr bedroht. Die Furcht vor sozialer Degradierung – nach Elias die größte Triebkraft zur Verfeinerung und Umstrukturierung des Verhaltens – erzwingt im Verlauf dieses Prozesses bei steigendem sozialen Druck der aufsteigenden sozialen Schichten eine immer weitere und schnellere Durcharbeitung und Verfeinerung des Geschmacks und des Verhaltens, deren Funktionen als Prestige-, Unterscheidungs- und Herrschaftsmittel erhalten werden sollen (sozialer Zeitgewinn). Im Zuge dieses langfristigen Prozesses wird die Affektkontrolle, die ursprünglich an bestimmte soziale Situationen gebunden war und mit »Anstrengung« geleistet wurde, um die Zugehörigkeit zur Gruppe nicht zu gefährden, internalisiert. Mit anderen Worten: Aus Gründen der Scham und des Gewissens, die zur zweiten Natur des erwachsenen Menschen wurden, verinnerlicht das Individuum die Affektkontrolle zunehmend als Selbstzwang.

Das multipolare Spannungsgefüge der höfisch-absolutistischen Gesellschaft

Wie ist es möglich, dass sich in einer so stark differenzierten Gesellschaft, die bereits über einen hohen Grad an Interdependenz verfügt, eine Zentralgewalt in Form einer absolutistischen Herrschaft entwickeln kann, obwohl der König selbst in diesem Interdependenzgeflecht von anderen Menschen nicht weniger abhängig ist als diese von ihm? Das Modell des Königsmechanismus gibt hierauf eine Antwort: »Nicht mehr die militärische Stärke, nicht mehr die Größe der Besitztümer und Einnahmen allein können die gesellschaftliche Stärke der Zentralherren in dieser Phase erklären, wenn auch ohne diese beiden Komponenten überhaupt keine Zentralstelle eines Gesellschaftsverbandes funktionieren kann. Damit Zentralherren in einer differenzierteren Gesellschaft eine so optimale Stärke erlangen können wie im Zeitalter des Absolutismus, dazu bedarf es überdies noch einer besonderen Kräfteverteilung im Innern ihrer Gesellschaft.« (PdZ II, 243) Die mehr oder weniger labile Machtbalance der höfisch-absolutistischen Gesellschaft lässt sich durch die zentrale, aber innerhalb des Spannungsgefüges interdependente Stellung des Königs kennzeichnen: Dem König gelingt es, die Interessen und Spannungen der wichtigsten miteinander konkurrierenden Funktionsgruppen zu seinen Gunsten auszubalancieren.

Die höfische Gesellschaft funktioniert im Sinne eines multipolaren Spannungsgefüges unterschiedlicher Funktionsgruppen, in das der König selbst eingebunden ist, wenngleich seine spezifische Funktion es ihm erlaubt, die Konkurrenz zwischen Territorialherren und städtisch-bürgerlichen Schichten zur Sicherung seiner Stellung (bewusst oder unbewusst) zu nutzen. Die höfische Gesellschaft befindet sich dementsprechend nicht in einem Gleichgewichtszustand, sondern ist in fortwährender Bewegung, obwohl es sich um zyklische oder reproduktive Prozesse und langfristig-strukturierte Wandlungsprozesse handelt, die sich so langsam vollziehen, dass die Struktur der Gesellschaft bezogen auf die Lebensspanne einer einzelnen Person unveränderlich erscheinen kann. Die Spannungen, die sich aus der für den Absolutismus typischen Konstellation ergeben, z.B. aus den Standesunterschieden zwischen König, Adel und Bürgertum, halten die höfische Figuration in Bewegung. »Es sind«, wie Pierre Bourdieu Elias' Überlegungen zusammenfasst, »die Aktionen und Reaktionen der Beteiligten, die, wollen sie sich nicht vom Spiel ausschließen, keine andere Wahl haben als zu kämpfen um Wahrung oder Verbesserung ihrer Stellung im Feld – womit sie nur wieder dazu beitragen, daß auch die übrigen Akteure die aus dem antagonistischen Zusammenleben erwachsenden, häufig als unerträglich empfundenen Zwänge zu spüren bekommen«[96].

Die Herrschaft der absolutistischen französischen Könige ist somit nicht, wie der Begriff es nahelegt, als eine unumschränkte zu verstehen, auch wenn sie in dieser gesellschaftlichen Phase noch weitgehend den Charakter eines persönlichen Besitzes hat. Funktionell ist der König von dem funktionsteiligen Ganzen der Gesellschaft ebenso abhängig wie die anderen Funktionsgruppen. »Nur die besondere Situation der Gesellschaft, nur das eigentümliche Spannungsgleichgewicht zwischen den aufsteigenden Bürgerlichen und den schwächer werdenden Adelsgruppen, dann zwischen den vielen, großen und kleinen Gruppen des Landes überhaupt, gibt dem Zentralherrn seinen gewaltigen Verfügungs- und Entscheidungsspielraum. Die größere Unabhängigkeit, mit der ehemals die Könige über ihren Guts- und Domänenbesitz verfügten, Ausdruck der geringeren, gesellschaftlichen Verflechtung, ist verschwunden. Das gewaltige Menschengeflecht, über das Ludwig XIV. herrscht, hat seine eigene Gesetzlichkeit und sein eigenes Schwergewicht, denen er sich fügen muss; es kostet eine gewaltige Anspannung, eine starke Selbstbeherrschung, das Gleichgewicht der Menschen und Gruppen in diesem Geflecht zu erhalten und auf den Spannungen spielend, das Ganze zu steuern.« (PdZ II, 278)

Figurationen von Etablierten und Außenseitern

Soziale Ungleichheit ist ein zentrales, wenn nicht *das* zentrale Thema der Menschenwissenschaften. Auf gesamtgesellschaftlicher Ebene drückt sich soziale Ungleichheit aus in der Differenzierung von Kasten, Ständen, Klassen oder Schichten. Soziale Ungleichheit herrscht aber auch auf mikrosozialer Ebene, in Betrieben, in Schulen, in Behörden, in Gemeinden und sogar innerhalb von Familien. Mit dem Modell der Figuration von Etablierten und Außenseitern hat Norbert Elias eine Theorie zur Erklärung sozialer Ungleichheit vorgelegt, die nicht nur über eine bloße Deskription gesellschaftlicher Unterschiede hinausgeht, sondern auch über eindimensionale, mechanistische Erklärungsansätze, die soziale Ungleichheit allein aus der Verfügung »über nicht-menschliche Objekte wie Waffen oder Produktionsmittel« (EuA, 11) erklären und nicht aus der Dynamik zwischenmenschlicher Verflechtungs- und Machtbeziehungen.

Von *Etablierten und Außenseitern* ist immer dann zu sprechen, wenn eine abgrenzbare, kohärente soziale Gruppe einen Machtüberschuss gegenüber einer anderen Gruppe oder einzelnen Individuen auf Dauer aufrechtzuerhalten vermag. Die machtstärkere Gruppe ist in der Lage, sich den Zugang zu bedeutenden gesellschaftlichen Positionen und Ressourcen zu sichern, d.h. sich gesellschaftlich zu *etablieren*. Gegenüber der Gruppe der Etablierten erscheinen die machtschwächeren Menschen, die sich möglicherweise nicht einmal als soziale Gruppe zu formieren vermögen, als gesellschaftliche *Außenseiter*, die sozial stigmatisiert und ausgeschlossen werden. In solchen Situationen glauben typischerweise die Etablierten, die den Außenseitern aufgrund ihrer *Macht* überlegen sind, »sie seien im Hinblick auf ihre menschliche Qualität besser als die anderen« (EuA, 7). Sehr häufig verdichten sich solche Vorurteile auch bei den Außenseitern zu der resignativen Selbsteinschätzung, menschlich minderwertig zu sein, was den Machtüberschuss der Etablierten weiter stabilisiert.

Wie universell-menschlich dieser Figurationstyp ist, zeigt sich daran, dass die psycho-sozialen Konsequenzen von Machtunterschieden zu bestimmten Sprachformen kristallisiert sind: So weist Elias darauf hin, dass »Aristokratie« wörtlich »Herrschaft der Besten« bedeutet und nicht etwa, wie es angemessener wäre, »Herrschaft der Mächtigen«. Wertmomente, die über eine objektive Bezeichnung gesellschaftlicher Standesunterschiede hinausgehen, enthält auch das Begriffspaar »edel« versus »gemein«, zu dessen Doppelbedeutung es in nahezu jeder europäischen Sprache entsprechende Analogien gibt, z.B. im Englischen »noble« versus »villain«, d.h. »Adliger« oder »wertvoller Mensch« versus »Gemeiner« oder »Schurke« (EuA, 7 f.).

Figurationen von Etablierten und Außenseitern charakterisieren zahlreiche Beziehungen zwischen gesellschaftlichen Gruppen, seien es Adlige versus Bürgerliche oder später Kapitalisten versus Arbeiter, Reiche versus Arme, Weiße gegenüber Schwarzen, Christen gegenüber Juden, Männer gegenüber Frauen, Alte gegenüber jungen und umgekehrt[97] oder Industrieländer gegenüber Schwellenländern (vgl. EuA, 8). Figurationen von Etablierten und Außenseitern können relativ leicht identifiziert werden. Die theoretisch interessante Frage lautet, durch welche Prozesse diese Figurationen entstehen, wie sie stabilisiert werden und wie es kommt, dass die unterlegenen Außenseiter ihre Position meistens widerspruchslos akzeptieren.

Elias hat das Modell der Figuration von Etablierten und Außenseitern anhand einer englischen Gemeindestudie entwickelt, die er zusammen mit seinem Schüler John Scotson durchgeführt hatte. In dem »Mikrokosmos« einer kleinen Gemeinde wurde *en miniature* ein Figurationsmodell entwickelt, dessen Bedeutung und Anwendungsfähigkeit weit über den empirischen Entdeckungszusammenhang und auch weit über die Gemeindesoziologie hinausgeht, weil es, wie Elias es ausdrückt, ein »universalmenschliches Thema« betrifft (EuA, 7). So dokumentiert das gemeinsam von Elias und Scotson verfasste Buch *The Established and the Outsiders* (1965), das seit 1990 in einer um eine theoretische Einleitung erweiterten deutschen Ausgabe vorliegt (*Etablierte und Außenseiter*), nicht nur die Ergebnisse eines empirischen Forschungsprojekts, sondern enthält auch wichtige theoretische Schlussfolgerungen zur Entfaltung der Prozess- und Figurationstheorie.

Doch zunächst zum Entstehungszusammenhang des Modells: Elias und Scotson untersuchten einen »Winston Parva« genannten Industrievorort, der sich – auch in der Wahrnehmung seiner Bewohner – aus drei relativ eindeutig voneinander abgegrenzten Wohngebieten zusammensetzte. Zone 1 war ein Quartier der Mittelschicht, während die Zonen 2 und 3 beides Arbeiterwohngebiete waren. Der überraschende – und erklärungsbedürftige – Befund bestand darin, dass eine scharfe soziale Barriere zwischen den beiden Arbeitergebieten bestand und sich die Bewohner der Zone 2 gegenüber den Bewohnern der Zone 3 als sozial höherrangig betrachteten, obwohl, objektiv betrachtet, vom Einkommens-, Berufs- und Bildungsstatus her keine signifikanten Unterschiede bestanden. Der Grund für diese soziale Scheidelinie ergab sich aus der Siedlungsgeschichte der Gemeinde: Zone 2 bildete das älteste, »Dorf« genannte Wohngebiet der Gemeinde, in der sich ein enges Beziehungsgeflecht herausgebildet hatte, das intakte Nachbarschaftsbeziehungen und eine lebendige Nutzung der gemeinsamen Infrastruktur, bestehend aus Läden, Kneipe, Schule usw., ebenso einschloss wie räumlich-soziale Symbole und eine ausgeprägte gemeinsame Identität (»Heimatgefühl«). Dieses Beziehungsgeflecht ist charakteristisch für die Figuration »Gemeinde« (»community«): »Menschen bilden [...] auch Beziehungen, wenn sie ›am selben Platz zusammenleben‹, wenn sie am selben Ort ihre Wohnung aufschlagen. Die Interdependenzen, die sich zwischen Menschen als Bewohner eines Zuhauses herstellen, wo sie schlafen, essen und ihre Kinder großziehen, sind die spezifischen Gemeinde-Interdependenzen.« (EuA, 234f.)

Die Gemeinschaftsidentität wurde gefährdet, als die Zone 3 in Form einer Neubau-Siedlung entstand, gegen deren Errichtung die »Dörfler« der Zone 2 protestierten. Trotz günstigerer Mieten zogen sie hier nicht ein, so dass die Siedlung schließlich zu einem Zuzugsgebiet für überwiegend aus London stammende Fabrikarbeiter wurde. Von den zwar nicht statushöheren, aber »etablierten« Bewohnern der Zone 2 wurden diese Zuzügler auf Jahre hinaus als »Außenseiter« angesehen und auch entsprechend behandelt: Eine Figuration von Etablierten und Außenseitern bildete sich heraus.

Warum gefährdete der Zuzug einer statusgleichen Gruppe das etablierte Geflecht der Sozialbeziehungen? Die etablierten Bewohner der Zone 2 hatten im Laufe der Jahrzehnte einen eigenen »way of life« entwickelt, der spezifische Verhaltensnormen und -standards einschloss. Dieser von allen Bewohnern hoch bewertete Verhaltenscode stiftete eine gemeinsame Gruppenidentität und symbolisierte in der subjektiven Selbsteinschätzung der Bewohner auch einen gewissen sozialen Aufstieg, der sich auch in gelegentlichen Umzügen einzelner Familien in die Mittelschichtszone 1 manifestierte. Die Zuzügler kannten diese lokalspezifischen Verhaltensstandards natürlich nicht und setzten sich im Ganzen auch heterogener zusammen. Einerseits war der Facharbeiteranteil unter ihnen höher, andererseits gab es unter den Bewohnern der Zone 3 auch eine Minderheit sozial schwacher Familien, die in finanziell und familiär ungeordneten Verhältnissen lebten und aus denen sich auch randalierende Jugendbanden rekrutierten. Obwohl sie innerhalb der Zone 3 nur eine Minderheit war, bestimmte diese Gruppe die Außenwahrnehmung des gesamten Gebiets durch die etablierte Bewohnerschaft.

Die Etablierten sahen das andersartige, z.T. weniger disziplinierte Verhalten als Bedrohung für ihre Ordnung an. Der bloße Kontakt mit einem der Außenseiter bedeutete für einen etablierten Bewohner schon eine Statusminderung. Auf diese Gefährdung ihres Verhaltenscodes, der Homogenität, der Gemeindeidentität und des Gruppenprestiges reagierten die Etablierten mit der sozialen Stigmatisierung der Zuzügler. Durch Vorurteile und soziale Diskriminierung, z.B. Kontaktverweigerung, offene Ablehnung oder das von Elias und Scotson als besonders effektiv hervorgehobene Instrument des Klatsches wurden die Zuzügler zu Außenseitern gestempelt. Ein besonders effektives soziales Machtmittel stellt die Stigmatisierung mit abwertenden Begriffen oder sogar mit Schimpfwörtern dar. Solche Ausdrücke wirken häufig deshalb verletzend, sogar als lähmend, »weil die Etabliertengruppen gewöhnlich einen Verbündeten in einer inneren Stimme der Unterlegenen selbst haben«. Weil das negative Stigma von den Außenseitern, die nicht über die notwendige soziale Kohäsion verfügen, um eine eigene, positive Gruppenidentität aufzubauen, als Selbstbild übernommen wird, erklären sie ihre Unterdrückung durch individuelle Schuldzuweisungen. Tatsächlich haben sie einem stigmatisierenden Ausdruck nichts entgegenzusetzen. Elias nennt als Beispiel das jüdische Schimpfwort »Goi«, das als verbale Waffe in einer Auseinandersetzung vollkommen nutzlos ist, weil es einen Angehörigen der Etabliertengruppe, in der es überhaupt nicht bekannt ist, nicht beschämen kann (EuA, 20). Die tatsächlich kaum vorhandenen Statusunterschiede werden in diesem Prozess durch einen spezifischen Mechanismus der Vorurteilsbildung verstärkt bzw. überhaupt erst erzeugt: »Das Wir-Bild der eigenen Gruppe lesen die mächtigeren Etablierten von der Minorität der Besten, das Sie-Bild der verachteten Außenseiter von der Minorität der Schlechtesten ab.« (NzL, 52) Diese Monopolisierung des hoch bewerteten Sozialcodes gegenüber den Außenseitern gelingt den Etablierten aufgrund des Machtüberschusses, den ihnen genau dieser Verhaltenscode gewährte: »Größere Kohäsion, Solidarität, Einheitlichkeit der Normen und Selbstdisziplin helfen, die Monopolisierung von Positionen zu sichern, und diese trägt umgekehrt zur Verstärkung jener Gruppeneigentümlichkeiten bei.« (EuA, 242)

Allein aufgrund ihrer höheren sozialen Integration waren die Etablierten mächtiger. Die Verhaltensunterschiede zwischen Etablierten und Außenseitern, die sowohl für die soziale Barriere als auch für das Machtgefälle zwischen beiden Gruppen verantwortlich waren, erwiesen sich damit letztlich als unterschiedliche Grade der Selbstkontrolle, d.h. als unterschiedliche Zivilisierungsgrade: »In einer geeigneten Figuration können Zivilisationsdifferentiale in erheblichem Maße zur Entstehung und Fortdauer von Machtdifferentialen beitragen. [...] Unter halbwegs stabilen Bedingungen ist ein artikulierter Verhaltenskanon und ein höherer Grad an Selbstzwang in der Regel verkoppelt mit einem höheren Grad an Ordentlichkeit, Umsicht, Voraussicht und Gruppenkohäsion. Er bietet Status- und Machtprämien zum Ausgleich für die auferlegten Versagungen und den relativen Verlust an Spontaneität.« (EuA, 243)

Diese wechselseitige Verstärkung von gruppenorientierter Verhaltensregulation, Macht und Diskriminierung ist dafür verantwortlich, dass Figurationen von Etablierten und Außenseitern außerordentlich zeitstabil sind und über Generationen aufrechterhalten werden können. Der Dynamik einer Figuration von Etablierten und Außenseitern können sich Einzelne kaum entziehen: Ein individuelles Ausscheren aus dem »Netz der Diskriminierung«, etwa in Form einer Kontaktaufnahme zu den Außenseitern, ist für einen Angehörigen der Gruppe der Etablierten nur um den Preis des eigenen Ausschlusses mit entsprechendem Prestige- und Machtverlust möglich. Denn Außenseiter, die ihr Verhalten nicht der erforderlichen Affektkontrolle unterwerfen und die Normen der Etablierten nicht einhalten, werden individuell und kollektiv als *anomisch*, als »normenlos« (man kann sagen: »unordentlich«, »undiszipliniert«, »gesetzlos« etc.) empfunden. Die Konfrontation mit Menschen, die diese Selbstzwänge nicht aufweisen, ist höchst gefährlich: »Deshalb erregt der engere Verkehr mit ihnen unangenehme Gefühle. Sie gefährden die eingebaute Abwehr der Etabliertengruppe gegen Verletzungen der gemeinsamen Normen und Tabus, von deren Befolgung sowohl die Stellung des einzelnen unter seinen Gruppengenossen als auch seine Selbstachtung, sein Stolz, seine Identität als Mitglied der ›besseren‹ Gruppe abhängen.« (EuA, 18)

Die Etablierten *müssen* ihre soziale Exklusivität wahren, um ihre Machtüberlegenheit zu sichern. Die Tabuisierung des Kontakts mit den Außenseitern hat neben dieser rationalen Komponente aber auch noch eine emotionale Komponente: eine »Gefühlsreaktion, die man in anderem Zusammenhang ›Angst vor Beschmutzung‹ nennt«. »Da Außenseiter als anomisch empfunden werden, bringt der engere Kontakt mit ihnen für einen Angehörigen einer Etabliertengruppe die Gefahr ›anomischer Ansteckung‹ mit sich: Er selbst könnte in Verdacht geraten, die Normen und Tabus seiner Gruppe zu brechen; und tatsächlich würde er sie bereits brechen, wenn er sich mit Angehörigen einer Außenseitergruppe gemein machte [...]. Daher riskiert ein ›Insider‹, der mit ihnen verkehrt, daß sein Status in der Etabliertengruppe sinkt.«

(EuA, 19) Die Beobachtung, dass ein dauerhafter sozialer Konflikt aus nichts anderem erwachsen ist als aus dem räumlichen Zusammentreffen zweier Menschengruppen mit unterschiedlichen Verhaltensmustern, fassen Elias/Scotson in folgender Gesamteinschätzung dieser spezifischen Figurationsdynamik zusammen: »Beide Seiten agierten in dieser Lage ohne viel Nachdenken in einer Weise, die man hätte voraussehen können. Einfach weil sie als Nachbarn interdependent wurden, trieben sie in eine Gegnerschaft hinein, ohne recht zu verstehen, was da geschah, und gewiß ohne eigenes Verschulden.« (EuA, 247)

Diese »Macht der Figuration« war für die Autoren Anlass, differenzierte theoretische Überlegungen zur Entfaltung des Figurationskonzepts anzustellen, die einen wichtigen Schritt auf dem Weg zur Entwicklung der Prozess- und Figurationstheorie bildeten (vgl. Kap. 5). Darüber hinaus bietet das Modell der Figuration von Etablierten und Außenseitern einen theoretischen Ertrag, der weit über die Bedeutung des Forschungsberichts hinausgeht, in dessen Rahmen es entwickelt wurde. Die vielleicht wichtigste Schlussfolgerung, die man aus dieser Figurationsanalyse ziehen kann, lautet, dass viele soziale Prozesse, darunter auch heftige soziale Konflikte, aus *Verhaltensunterschieden* resultieren und nicht etwa aus Differenzen des Einkommens oder ökonomischer Macht. Das Modell von Elias und Scotson stellt damit ein Beispiel für eine genuin menschenwissenschaftliche Erklärung im Gegensatz zu ökonomistischen oder mechanistischen Deutungsmustern dar. Figurationen von Etablierten und Außenseitern sind letztlich als Konsequenzen des Staatsbildungs- und Zivilisationsprozesses zu interpretieren. Wenn langfristige soziogene und psychogene Prozesse zu diachronen und synchronen Verhaltensunterschieden führen – etwa zwischen den höheren und niedrigeren Schichten einer Gesellschaft, zwischen Gesellschaften, die einen unterschiedlichen zivilisatorischen Entwicklungsstand aufweisen, oder, wie in diesem Falle, zwischen einer etablierten sozialen Gruppe und Neuankömmlingen – und wenn diese Unterschiede im Grad der individuellen Verhaltensregulation Machtunterschiede begründen, dann schlagen sich diese Verhaltens- und Machtunterschiede in zeitstabilen Figurationen von Etablierten und Außenseitern nieder.

In dem 1976 verfassten theoretischen Essay, der die Einleitung zur deutschen Ausgabe von 1990 bildet, fasst Elias die Strukturmerkmale von Etablierte-Außenseiter-Figurationen prägnant zusammen (EuA, 7-56):

1. Ausgangspunkt und Kern einer Figuration von Etablierten und Außenseitern ist eine ungleiche Machtbalance zwischen gesellschaftlichen Gruppen.
2. Der Machtüberschuss der Etablierten kann auf verschiedenen Machtquellen beruhen. Eine wesentliche Machtquelle der Etablierten besteht jedoch in Gruppenkohäsion und gruppeninterner Kontrolle, kollektiver Identifikation und der Ausbildung eines »Gruppencharismas« sowie in der Gemeinsamkeit der Gruppennormen, die ein konformes kollektives Verhalten gegenüber Außenseitern ermöglichen.
3. Der Machtüberschuss ermöglicht den Etablierten, die Angehörigen anderer Gruppen als Außenseiter zu stigmatisieren und von dem Zugang zur eigenen Gruppe sowie von dem Zugang zu den von den Etablierten monopolisierten Ressourcen auszuschließen.
4. Das Gruppencharisma der Etablierten wird von den »besten« Eigenschaften ihrer »besten« Mitglieder abgeleitet, das Gruppenbild der Außenseiter von den »schlechtesten« Eigenschaften ihrer »schlechtesten« Teilgruppe.
5. Das Gruppenstigma geht normalerweise in das Selbstbild der Außenseitergruppe ein, wodurch sie weiter geschwächt wird.

6. Die Etablierten sichern ihren Status und ihren Zusammenhalt, indem sie alle Mitglieder der Außenseitergruppe vom außerberuflichen Verkehr mit Mitgliedern der Eigengruppe ausschließen. Die Tabuisierung der Außenseiter wird mit den Mitteln sozialer Kontrolle (Klatsch, Kontaktverweigerung etc.) gewährleistet.
7. Wenn die Etablierten jedoch ihr Machtmonopol einbüßen und sich die Machtbalance zugunsten der anderen verschiebt, greifen die (ehemaligen) Außenseiter zum Mittel der Gegenstigmatisierung und steigen eventuell ihrerseits zur Gruppe der Etablierten auf.

Sowohl in der Mikrosoziologie kleiner Gruppen als auch in der Makrosoziologie ganzer Gesellschaften gibt es eine Fülle von Anwendungsfeldern, wo das Modell der Figuration von Etablierten und Außenseitern adäquatere Erklärungen erlaubt als traditionelle Ansätze. Elias selbst nennt die Diskriminierung gesellschaftlicher Minderheiten, insbesondere der Juden in Deutschland, als ein typisches Beispiel für die verhängnisvolle Dynamik dieser Figurationen (NzL, 52ff.). Die Diskriminierung der Schwarzen durch Weiße, Nationalitätenkonflikte im zeitgenössischen Vietnam, in China, in der Türkei, in afrikanischen Staaten und in zahlreichen weiteren Ländern der Welt werden an gleicher Stelle genannt. Auch das Verhältnis zwischen der »entwickelten« westeuropäisch-abendländischen Welt und den »Entwicklungsländern« der »Dritten Welt« weist charakteristische Merkmale der Figuration von Etablierten und Außenseitern auf. Als besonders fruchtbar erwies sich dieses Figurationsmodell für die Analyse der Eingliederungsprobleme ausländischer Arbeitnehmer.[98]

Die Kernaussage des Modells von Elias und Scotson, dass Verhaltensunterschiede Machtdifferentiale zwischen sozialen Gruppen begründen können, lässt sich generell auf ein Schlüsselthema sozialwissenschaftlicher Forschung anwenden: die Analyse sozialer Ungleichheit. Wie insbesondere Pierre Bourdieus Studie mit dem aussagereichen Titel *Die feinen Unterschiedes*[99] für die soziale Hierarchie der westlichen Gegenwartsgesellschaften gezeigt hat, grenzen sich die *etablierten* Angehörigen der oberen Sozialschichten gegen die *Außenseiter* aus den niedrigeren Schichten, die ihre Standards hinsichtlich der Verhaltensregulation nicht erfüllen, im Wesentlichen mit den gleichen Mitteln ab, die Elias und Scotson in ihrer Gemeindestudie aufgewiesen haben. Diese Analysen demonstrieren ebenso wie Untersuchungen über die Diskriminierung ausländischer Arbeitnehmer, dass rein ökonomische Erklärungen sozialer Ungleichheit zu kurz greifen. Dies gilt auch für Sozialstrukturanalysen, die von einer kontinuierlichen Statuspyramide ausgehen und das Phänomen sozialer Macht und die aus Machtdifferentialen resultierenden Konflikte ignorieren.[100] Das Modell der Figuration von Etablierten und Außenseitern ist damit ein Beispiel für eine prozess- und figurationstheoretische Analyse, die soziale Prozesse und Strukturen aus den ungeplanten, aber strukturierten Verflechtungsprozessen lebendiger Menschen erklärt und nicht aus dem »Wirken« abstrakter Variablen, wie es für soziologische Theorien ökonomistischer oder funktionalistischer Provenienz typisch ist.

7. Wissens- und erkenntnissoziologische Schriften

Norbert Elias hat sich in seinem Lebenswerk schon sehr früh mit wissens- und erkenntnissoziologischen Problemen auseinandergesetzt. Sie sind bereits in seinem Hauptwerk *Über den Prozeß der Zivilisation* angelegt und werden in seinen Abhandlungen *Problems of Involvement and Detachment* (1956) und *Sociology of Knowledge: New Perspectives* (1971)[101] in eine erste systematische Form gebracht. In seinen umfangreicheren wissenssoziologischen Studien *Engagement und Distanzierung. Studien zur Wissenssoziologie I* (1983) und *Über die Zeit. Studien zur Wissenssoziologie II* (1984) sowie in zahlreichen Einzelabhandlungen[102] hat Elias diese Ansätze weiterentwickelt. Seine empirisch-theoretischen Untersuchungen zur Entwicklung des sozialen Prozesses des menschlichen Wissens und Erkennens können dabei zum einen als Fortführung und Überprüfung seiner Zivilisationstheorie verstanden werden. Zum anderen entwickelt Elias im Kontext dieser Studien eine soziologische Erkenntnistheorie und erste Elemente einer empirisch-theoretischen Wissenschaftstheorie, die sich gegen naturwissenschaftliche Methoden abgrenzt.

Neue Perspektiven der Wissens- und Erkenntnissoziologie

Elias entwirft in seinen wissenssoziologischen Schriften eine Symboltheorie des menschlichen Wissens und der Wissenschaften. Dies geschieht in enger Beziehung zur empirisch beobachtbaren Entwicklung des menschlichen Wissens, so dass Elias' paradigmatische Grundannahmen überprüfbar und revidierbar sind (ÜdZ, XI f.). Ausgehend von einer Kritik der philosophischen Erkenntnistheorie, deren Ausgangspunkt der einzelne Mensch darstellt, der losgelöst von allen zwischenmenschlichen Bindungen der Welt der Objekte gegenübertritt, wählt Elias als Subjekt des Wissens die sich entwickelnde Menschheit: »Menschliches Wissen [...] ist das Ergebnis des langen, anfangslosen Lernprozesses der Menschheit. Jeder einzelne Mensch, wie groß sein innovatorischer Beitrag auch sein mag, baut auf einem schon vorhandenen Wissensschatz auf und setzt ihn fort.« (ÜdZ, XII)

Im Gegensatz zur traditionellen Unterscheidung zwischen philosophischer Erkenntnistheorie und Wissenssoziologie geht Elias von der Überlegung aus, »daß der individuelle Akt der Erkenntnis ganz unabtrennbar ist von dem, was ein Mensch an Wissen von anderen gelernt hat, also letzten Endes vom Entwicklungsstand des sozialen Wissensschatzes« (ÜdZ, XLVIII, Anm. 2). Daher spricht Elias auch von einer soziologischen Theorie des Wissens und Erkennens, in der die Subjekt-Objekt-Beziehung nicht wie in der traditionellen Erkenntnistheorie als unveränderliche Universalie, sondern als ein anfangsloser, ungeplanter, langfristig-strukturierter Prozess zu verstehen ist, dessen Ordnung und jeweilige Richtung in der Abfolge seiner Wandlungen untersucht, beschrieben und erklärt werden kann. Die Entwicklung des menschlichen Wissens ist untrennbar verbunden mit der Richtung, in die sich das zwischenmenschliche Interdependenzgeflecht entwickelt. Der soziale Prozess des menschlichen

Wissens verläuft komplementär zu den von Elias untersuchten Prozessen der Staatsbildung, der Zivilisation und der sozio-ökonomischen Funktionsteilung. Ebenso wie diese hat er jedoch den Charakter eines relativ autonomen Teilprozesses innerhalb der Menschheitsentwicklung. Nach Elias verfügen die Menschen über eine eigene Welt von Symbolen, die Wissen verkörpern, das unter bestimmten Umständen differenzierter und realitätsgerechter werden kann. Es gehört zu den spezifisch menschlichen Fähigkeiten, mithilfe unendlich wandelbarer Symbole zu kommunizieren, die gespeichert und von einer Generation zur anderen weitergegeben werden.

Neben die vier Dimensionen des natürlichen Universums (die drei Dimensionen des Raumes und die Zeit) tritt in Elias' Modell eine fünfte Dimension, das »sozio-symbolische Universum« (ÜdZ, 40) des Menschen. Menschen sind in diesem Modell einerseits Teil des natürlichen Universums, andererseits sind sie aber selbst Beobachter des vierdimensionalen Geschehens: »Mit dem Eintritt von Menschen gewinnt das Universum zu den vier Dimensionen von Zeit und Raum eine fünfte hinzu, die Dimension des Erlebens, des Bewußtseins, der Erfahrung [...] Alles, was in der Reichweite von Menschen geschieht, wird nun erlebbar und repräsentierbar durch menschengeschaffene Symbole, bedarf gleichsam der Stimmung nicht durch vier, sondern durch fünf Koordinaten.« (ÜdZ, 52 f.) Elias' Symboltheorie des Wissens und der Wissenschaften liegt also die Vorstellung einer fünfdimensionalen Welt zugrunde, deren integrierenden Bestandteil das sozio-symbolische Universum des Menschen bildet.

In seinem Buch *Über die Zeit* unterscheidet Elias anhand des Symbols der Zeit drei Funktionen der sozialen Symbole des menschlichen Wissens:

1. Die kommunikative Funktion: Die Menschen verbinden mit dem Begriff der Zeit ein individuell erlerntes, soziales Erinnerungsmuster.
2. Die Funktion der Orientierung: Die Zeit dient als Mittel der Orientierung im Nacheinander sozialer und natürlicher Abläufe.
3. Die Funktion der Regulierung des menschlichen Verhaltens und Empfindens: Das Zeitempfinden ist ein Aspekt des menschlichen Zivilisationskanons. In den entwickelteren Gesellschaften ist der soziale Zeitzwang in hohem Maße zum Selbstzwang geworden. Die Allgegenwart des daraus resultierenden Zeitgefühls trägt viel dazu bei, dass die Zeit unwillkürlich als selbständig existierende Gegebenheit erfahren und nicht als Ergebnis eines sozialen Lernprozesses wahrgenommen wird (vgl. ÜdZ, XXIX ff., XLU ff.).

Im Gegensatz zu den Vertretern des Kritischen Rationalismus wird in diesem Modell auch die Logik als ein menschengeschaffenes Orientierungsmittel verstanden. Während in der philosophischen Theorie des Kritischen Rationalismus logisch-analytische Erkenntnisse »jeder empirisch nachweisbaren Wissenschaft mit ihrem lernbaren Wissensbestand als ungelernte Bedingungen zugrunde liegen«, geht Elias in seiner Erkenntnissoziologie davon aus, dass keine universale Logik existiert, »deren Gesetze jeder Wissenschaft als deren letzte Bedingung unabhängig von allem Erfahrungswissen, also a priori, vorausgehen« (WoW, 269). Was Wissenschaftsphilosophen in der Nachfolge von Kant als »zeitlos und vor aller Erfahrung gegeben hinstellen, sei es die Vorstellung einer Kausalverknüpfung, die der Zeit oder die natürlicher und moralischer Gesetze, [muß,] zusammen mit den entsprechenden Worten von anderen Menschen gelernt werden [...], um im Bewußtsein des einzelnen Menschen vorhanden zu sein« (NzL, 19).

Dieser individuelle Zivilisationsprozess vollzieht sich sozialschichtenspezifisch, regional und historisch differenziert innerhalb von Figurationen, deren jeweilige Symbole und Standards die Ergebnisse soziogener Prozesse sind. Jeder individuelle Zivilisationsprozess ist Teil des soziogenetischen Zivilisationsprozesses einer spezifischen Figuration, die wiederum nur einen Ausschnitt des anfangslosen, ungeplanten Zivilisationsprozesses der Menschheitsentwicklung bildet. In *Über den Prozeß der Zivilisation* untersuchte Elias den Wandel der Verhaltens-, Empfindungs- und Bedürfnisstrukturen der Menschen der europäischen Figurationen vom 9. bis zum 18. Jahrhundert. In seinen wissenssoziologischen Schriften erweitert er nun seine Zivilisationstheorie zum einen durch eine umfassendere Untersuchung der Entwicklung der menschlichen Denkstrukturen und ihrer symbolischen Orientierungsmittel. Zum anderen versucht Elias, mithilfe einer vergleichenden Untersuchung zwischen dem sozialen Habitus der Menschen in Industriegesellschaften und dem Habitus von Menschen einfacherer Gesellschaften, die einen geringen Grad der Monopolisierung der physischen Gewalt und einen geringen Grad der sozio-ökonomischen Funktionsteilung aufweisen, seine Zivilisationstheorie empirisch abzusichern.

Wenn die Grundstrukturen des Wissens und Erkennens auf von Menschen geschaffenen Symbolen beruhen, erhebt sich allerdings die Frage, wie der Forscher sich gegen Ideologiebildung absichern kann. Elias begegnet dieser Gefahr mit der Forderung nach der empirisch-theoretischen Überprüfung der Paradigmen einer Theorie. Ideologisch wird Theoriebildung dann, wenn die soziale Wirklichkeit und ihre symbolische Repräsentation nicht mehr in Übereinstimmung zu bringen sind. Um ein ideologisches Missverständnis aufzudecken, ist die empirische Überprüfung der Forschungsergebnisse und ihrer Grundannahmen unverzichtbar. Elias' Symboltheorie des Wissens beruht nämlich auf der Überlegung, dass die soziale Wirklichkeit und ihre symbolische Repräsentation durchaus zweierlei, also nicht identisch sind. Die Soziologie der Erkenntnis ist »auf die Erforschung von Geschehenszusammenhängen abgestimmt, die sich zwar durch menschliche Symbole darstellen lassen, die aber nicht von Menschen geschaffen und dementsprechend ihrer Natur nach keine Symbole sind« (EuD, 63). Es gilt also, zunächst die objektive Wirklichkeit jenseits der Symbole zu ergründen, bevor man beurteilen kann, ob ihre symbolische Repräsentation angemessen oder ideologischer Natur ist.

Engagement und Distanzierung

Wie Elias' Studien aufzeigen, ist die Entwicklung des menschlichen Wissens strukturiert und gerichtet, »sei es auf größere Distanzierung und Realitätskongruenz, sei es auf größeres Engagement und höheren Phantasiegehalt der Symbole hin« (ÜdZ, XLII). Die Bestimmung des Verhältnisses von Engagement und Distanzierung dient Elias in seinen wissenssoziologischen Studien zur Diagnose der Ordnung und der jeweiligen Richtung des menschlichen Wissens. Es dient ihm zugleich auch zur Bestimmung des »Wissensfortschritts« und des »Rückschritts«. Engagement und Distanzierung sind zwei Grundprinzipien des menschlichen Denkens und Handelns, deren Beziehung die Entwicklung des menschlichen Wissens steuert.

Die Begriffe Engagement und Distanzierung sind Schlüsselkategorien in Elias' wissenssoziologischen Schriften, die den menschlichen Erkenntnisprozess in verschiedenen Phasen der gesellschaftlichen Entwicklung untersuchen. Menschenwissenschaftler, die selber Angehörige jener Figurationen sind, die sie untersuchen, sind stets der Gefahr ausgesetzt, dass ihre eigenen

Interessen, Werte und Affekte den Erkenntnisprozess behindern oder verzerren – sei es durch die Wahl des Forschungsgegenstandes bzw. der theoretischen und methodischen Ansätze, sei es durch die Interpretation der Ergebnisse oder die Ableitung von Schlussfolgerungen aus den Forschungsergebnissen. Je höher das persönliche Engagement des Forschers ist, oder anders formuliert: je weniger er sich von seiner persönlichen Verflechtung mit der Figuration, die er untersucht, zu distanzieren vermag, desto größer ist die Gefahr, dass Mythen und Ideologeme die Konstruktion eines realitätsadäquaten Forschungsprogramms behindern. Die individuelle Fähigkeit zur Distanzierung von den eigenen Affekten, die den Erkenntnisprozess zu beeinflussen drohen, kann wiederum als ein Aspekt jener Affektkontrolle gedeutet werden, die den Prozess der Zivilisation charakterisiert. Der Erkenntnisprozess erscheint damit selbst als ein Teilprozess des Zivilisationsprozesses.

Die Balance zwischen Distanzierung und Engagement kann auf verschiedenen Ebenen (Beziehungen von Menschen zu sich selbst, zu anderen Menschen und zu nicht-menschlichen Objekten) unterschiedlich ausgeprägt sein. So wird in den entwickelteren Gesellschaften mit ihrem hohen Grad an Industrialisierung und Kontrolle über nicht-menschliche Naturgewalten die Natur normalerweise mit einem geringeren Engagement wahrgenommen als die Beziehungen zwischen den Menschen. Während die Naturwissenschaften geradezu einem Ethos der Distanzierung verpflichtet sind, begegnet man andererseits in einfacheren Gesellschaften, in denen die Naturgewalten noch nicht kontrolliert und dementsprechend weniger realitätsadäquat erklärt werden können, auch heute noch einem magisch-mythischen Naturerleben. Für Menschen solcher Gesellschaften bildet die nicht-menschliche Natur eine große Gefahrenquelle, die starke Affekte auslöst. Hierbei findet »ein hohes Gefahrenniveau [...] sein Gegenstück in einem hohen Affektniveau des Wissens und so auch des Denkens über diese Gefahr und des Handelns in bezug auf sie, also einer hohen Phantasiegeladenheit der Vorstellungen von den Gefahren, die zur ständigen Reproduktion von Denkweisen führt, die mehr phantasie- als wirklichkeitsorientiert sind.« (EuD, 78) Elias nennt diesen Prozesstyp »Doppelbinder«: Affektgeladenheit des Wissens und eine mangelnde Beherrschung von bedrohlichen Ereignissen verstärken sich wechselseitig. Elias sieht diesen »Doppelbinder«-Mechanismus auf der Ebene der zwischenmenschlichen Beziehungen auch in den entwickelteren Gesellschaften am Werk. In *Engagement und Distanzierung* analysiert er vor diesem Hintergrund z.B. die zwischenstaatlichen Beziehungen der beiden großen Machtblöcke USA und UdSSR (vgl. EuD, 121 ff.) und das Verhältnis zwischen Naturwissenschaften und Menschenwissenschaften (vgl. EuD, 31 ff., 190 ff.).

Das Vermögen von Menschen, angemessene Orientierungs- und Kontrollsymbole für den Bereich der außermenschlichen Naturzusammenhänge zu entwickeln, ist schneller gewachsen als ihre Fähigkeit, auf gesellschaftlicher Ebene angemessene Symbole zu bilden (vgl. EuD, 155). Ähnlich wie auf früheren Entwicklungsstufen unserer Gesellschaft Naturereignisse voluntaristisch allein aus Willensakten, Absichten und Plänen belebter Wesen erklärt wurden, neigt man heute dazu, soziale Phänomene entweder aus den Willensakten und Absichten einzelner Menschen (Individualismus) oder mithilfe sozialer Funktionen und Strukturen von Gesellschaften jenseits der sie bildenden Menschen (Objektivismus) zu erklären. Die Vorstellung des frei handelnden, autonomen Individuums, deren Pendant die politische Ideologie des Liberalismus ist, findet Elias' vehementen Widerspruch. Wie seine Studien gezeigt haben, ist diese Vorstellung im Rahmen des europäischen Zivilisationsprozesses durch die Herausbildung einer differenzierteren und gleichmäßigeren Trieb-

und Affektkontrolle entstanden, die zu einer stärkeren Spaltung zwischen Körper und Bewusstsein sowie zwischen Innen- und Außenwelt führte und die Illusion eines von der Welt abgeschlossenen Individuums (homo clausus) entstehen ließ (Prozess der Individualisierung). Um zu einem realitätsgerechten Menschenbild zu gelangen, bedarf es der radikalen Infragestellung des Selbstverständlichen durch vergleichende Untersuchungen verschiedener gesellschaftlicher Formationen und einer Distanzierung des Forschers von sozialen und politischen Ideologien. Im Konzept von Engagement und Distanzierung werden somit wissenschaftstheoretische Überlegungen und wissenssoziologische Ergebnisse mit dem Ziel verknüpft, durch empirische Prüfung von theoretischen Annahmen Wunschdenken und Ideologiebildung auf ein Minimum zu reduzieren und tendenziell zum Verschwinden zu bringen.

Elias' Verständnis von Engagement und Distanzierung ist allerdings nicht mit dem Problem der Werthaltigkeit wissenschaftlicher Aussagen identisch. Elias geht es nicht um eine rein aussagenlogische Unterscheidung zwischen deskriptiv-analytischen und präskriptiv-wertenden Aussagen, sondern um das Verhältnis der Wissenschaftler zu ihren Wissensbereichen. Insbesondere Menschenwissenschaftler stecken, wie schon erwähnt, in ihren Forschungsbemühungen in einem Dilemma von Engagement und Distanzierung. Sie sind selbst Angehörige jener Figurationen, die sie als Wissenschaftler untersuchen sollen. Dieses Problem lässt sich aber nicht dadurch lösen, dass sie voluntaristisch ihre Funktion als Gruppenmitglieder zugunsten ihrer Forscherfunktion aufgeben, zumal ihre eigene Teilnahme, ihr Engagement, überdies eine der Voraussetzungen für das Verständnis der Probleme ist, die sie als Wissenschaftler zu lösen haben.

Dieses Dilemma kann aber, wie Elias zeigt, überwunden werden, wenn politische und soziale Ideologeme einer Realitätsprüfung unterzogen werden. Diese Lösung ist nicht mit einer Ideologiekritik zu verwechseln, welche die Standortgebundenheit des einzelnen Wissenschaftlers und dementsprechend seiner Theorie nachweisen will. Über den Nachweis der Ideologiehaltigkeit hinaus ist es Elias' Ziel, realitätsangemessenere Modelle für die weitere Forschung auszuwählen und adäquatere Begriffe zu bilden. Ein Beispiel für ein solches Forschungsprogramm, dessen Grundregeln und Grundbegriffe einer empirisch-theoretischen Untersuchung unterzogen wurden, ist die Prozess- und Figurationstheorie von Norbert Elias.

»Über die Zeit«

In *Über die Zeit* (1984) untersucht Elias die langfristige Entwicklung des Orientierungssymbols der Zeit vom diskontinuierlichen Zeitmessen und Zeitempfinden der Menschen einfacherer Gesellschaften (niedriger Grad der Staatsbildung, der sozio-ökonomischen Funktionsteilung etc.) zu dem immer gleichmäßigeren, feingegliederten Zeitraster von Sekunden, Minuten und Stunden in modernen Industriegesellschaften. Im Verlauf dieses Entwicklungsprozesses wird das Zeitbestimmen mithilfe von Abläufen in der nicht-menschlichen Natur (Sonne/Mond/Jahreszeiten), das zumeist einem Priester oblag, durch den Gebrauch von durch Menschen geschaffenen Instrumenten (Uhren/Kalender) ersetzt und veralltäglicht.

Während Menschen einfacherer Gesellschaften die Wiederkehr des Mondes oder der Jahreszeiten als Signal aus der Geisterwelt interpretierten, werden im Verlauf der Menschheitsentwicklung diese Ereignisse immer stärker als Teil eines mechanisch-kausalen Naturzusammenhangs wahrgenommen. Die Entwicklung des Orientierungssymbols der Zeit verläuft somit von einem höheren Phantasiegehalt der Symbole in Richtung auf eine größere Distanz und Realitätskongruenz. Elias' Untersuchung der Entwicklung des von Menschen geschaffenen Symbols der Zeit steht exemplarisch für einen langfristig-strukturierten, anfangslosen, ungeplanten sozialen Prozess. Sie verdeutlicht zugleich den Unterschied zwischen einer historischen Kurzzeitperspektive und einer entwicklungssoziologischen Langzeitperspektive: »Die erstere behindert oder blockiert, durch die Zerstückelung der menschlichen Vergangenheit in einzelne Perioden, die ihr eigenes Leben zu haben scheinen, die Wahrnehmung kontinuierlicher Prozesse von langer Dauer, die nicht vor Periodengrenzen haltmachen, auch wenn sie von ihnen beeinflußt sein können. Die vorherrschende Auffassung der Vergangenheit als Geschichte begünstigt in der Tat die Wahrnehmung von Diskontinuitäten, sie gewöhnt Menschen an eine Sicht der Vergangenheit als einer Vielzahl unverbundener Perioden.« (ÜdZ, 181) Elias leugnet nicht die empirisch belegbaren Brüche und Transformationen des Prozesses des menschlichen Wissens. Er verweist aber darauf, dass seine Untersuchung der langfristigen Entwicklung des Symbols der Zeit einen strukturierten Prozess entdeckt und beschreibt, der einer kurzfristigen Transformationsgeschichte des menschlichen Wissens verborgen bleibt.

Elias begreift *Über die Zeit* als einen »einleitenden Schritt« für ein umfassenderes Forschungsprogramm, das »die Stufenabfolge in der Entwicklung des Zeitbestimmens zwischen seinen früheren Formen in vorstaatlichen Gesellschaften und der bisher letzten Stufe in industriellen Nationalstaaten mit größerer Genauigkeit« (ÜdZ, 180) rekonstruieren soll. Es geht ihm primär darum, mithilfe eines Vergleichs zwischen verschiedenen Standards des Zeitbestimmens und -empfindens von Menschen in verschiedenen Gesellschaften »die universelle Funktion des Zeitbestimmens« (ÜdZ, 179) herauszuarbeiten. Den Ausgangspunkt für Elias' Überlegungen bildet das Zeiterleben der Menschen in den modernen, arbeitsteilig organisierten Industrieländern der Gegenwart. Obwohl die Bestimmung der Zeit zunehmend vom magisch-mythischen Denken befreit und im Rahmen der Vorstellung eines mechanisch-kausalen Naturzusammenhangs vorgenommen wird, bedarf der ontologische Status der Zeit einer Klärung. Elias wendet sich zunächst gegen die Alltagsvorstellung, die Zeit sei eine verdinglichte, selbständig existierende Gegebenheit jenseits der Entwicklung des sozialen Wissens der Menschheit. Für ihn ist diese Form des Zeitempfindens ein Musterbeispiel für den in unserer Gesellschaftsformation in hohem Maße zum Selbstzwang gewordenen sozialen Zeitzwang, d.h. ein Musterbeispiel für zivilisatorische Zwänge.

Elias entkleidet den Begriff der Zeit der Verdinglichung, die ihm anhaftet, und verdeutlicht, dass die Zeit eine menschliche Syntheseleistung darstellt, die nur im Kontext einer Theorie der Entwicklung des sozialen Wissens untersucht werden kann. Ebenso wie das von Menschen geschaffene Instrumentarium der Uhr besitzt die Zeit instrumentellen Charakter: »Die ›Zeit‹, so könnte man sagen, ist ein Symbol für eine Beziehung, die eine Menschengruppe, als eine Gruppe von Lebewesen mit der biologisch gegebenen Fähigkeit zur Erinnerung und zur Synthese, zwischen zwei oder mehreren Geschehensabläufen herstellt, von denen sie einen als Bezugsrahmen oder Maßstab für den oder die anderen standardisiert.« (ÜdZ, 1) Als sozial standardisierte Wandlungskontinuen dienen verschiedene wiederkehrende oder einmalige Ereignisse: die Jahreszeiten, Ebbe und Flut, die Wiederkehr des Vollmondes, das Bewegungskontinuum der Erde um die Sonne, die Geburt Jesu Christi oder des Propheten Mohammed.

Ausdrücklich wendet sich Elias gegen die Vorstellung, dass es sich bei der Zeit um eine »objektive Gegebenheit der natürlichen Schöpfung« (ÜdZ, X) handele (Newton) oder dass die Zeit »einer universellen Struktur des menschlichen Bewußtseins [...] entspreche, daß Menschen die Synthese von Ereignissen im Sinne der Zeit ohne jedes Lernen und vor jeder Objekterfahrung immer und überall in der gleichen Weise vollziehen könnten und müßten« (ÜdZ, 102). Indem er zeigt, dass die Zeit keine apriorische Gegebenheit der menschlichen Natur ist (Kant), widerlegt Elias in seiner Untersuchung über die Zeit wichtige Grundannahmen der klassischen europäischen Philosophie über den Erwerb des Wissens. Zeit ist nach Elias keine Eigentümlichkeit der Objekte oder der Subjekte des Wissens, sondern eine menschliche Syntheseleistung, die das Ergebnis eines langen, anfangslosen Lernprozesses der Menschheit ist.

Wissenschaft oder Wissenschaften?

Obwohl die Wissenschaften das Ziel »der geplanten Ausweitung des menschlichen Wissensfundus, der überprüfbaren Entdeckung von zuvor unbekannten Aspekten der Welt und so der Verbesserung der menschlichen Orientierung« (WoW, 268) teilen, wendet sich Elias in *Wissenschaft oder Wissenschaften?* (1985) gegen die Vorstellung einer Einheitswissenschaft. Ein Methodenmonismus, wie er vom Kritischen Rationalismus Karl Poppers vertreten wird, würde seines Erachtens die unterschiedlichen Eigentümlichkeiten der drei großen Wissensbereiche (des physikalischen und des biologischen Bereichs sowie der Menschenwissenschaften) nicht berücksichtigen. Aufgrund nicht zu leugnender Unterschiede ihrer Gegenstandsbereiche verwenden die unterschiedlichen Wissenschaften nicht nur verschiedene Methoden, sondern beruhen auch teilweise auf unterschiedlichen methodologischen Vorstellungen.

Anhand eines Evolutionsmodells der Gegenstandsbereiche der Wissenschaften erklärt Elias diese allgemeine methodologische Prämisse:

»Der springende Punkt ist, daß bei der Mehrzahl der physikalisch-chemischen Wissenschaften Methoden der Forschung erfolgreich sein können, die darauf ausgerichtet sind, die Eigenschaften zusammengesetzter Einheiten aus denen ihrer isoliert untersuchten Teileinheiten herzuleiten und zu erklären. Sie können also, wie man sagt, rein analytisch vorgehen. Je höher man auf der evolutionären Stufenleiter der Gegenstandsbereiche emporsteigt, umso weniger wird es möglich, das Funktionieren und Verhalten jeweils höher organisierter Einheiten zureichend aus den Eigenschaften ihrer isoliert untersuchten Teileinheiten zu erklären, umso mehr finden sich Wissenschaftler vor die Aufgabe gestellt, sie aus der Organisation der Teileinheiten zu erklären, also aus der Konfiguration, die diese miteinander bilden, aus der Art, wie sie funktionsteilig aufeinander abgestimmt und voneinander abhängig sind. Ich könnte hinzufügen: umso weniger wird es möglich, ihre Prozeßabläufe, ihre Strukturen und Funktionsweisen allein durch Messungen isolierter Teilaspekte zu bestimmen, umso mehr finden es Forscher nötig, sie darüber hinaus auch durch Synthesemodelle symbolisch zu repräsentieren, also etwa durch Prozeßmodelle, Modelle ihrer funktionsteiligen Struktur oder, im Falle der Menschen, auch durch Figurationsmodelle.« (WoW, 271 f.)

Zur Verdeutlichung von Elias' Auffassung sei auf die Modelle von Staatsbildungs- und Zivilisationsprozessen oder auf empirische Modelle spezifischer Figurationen wie die Figuration von Etablierten und Außenseitern oder die höfische Figuration verwiesen, die sich in Elias' Werk finden (vgl. Kap. 3, 6). Im Mittelpunkt der Erweiterung des soziologischen Wissens steht folglich nicht die Entdeckung zeit- und raumloser Gesetze, wie es z.B. für einen großen Teil der Naturwissenschaften gilt. Vielmehr werden die unterschiedlichen Menschenwissenschaften, die zum Teil sehr stark von einer einheitswissenschaftlichen Methodologie (z.B. Kritischer Rationalismus) beeinflusst worden sind, von Elias explizit aufgefordert, in enger Wechselbeziehung mit empirisch-theoretischen Untersuchungen selbst eine Wissenschaftstheorie zu entwickeln, die ihren Objektbereichen angemessener ist.

Elias versteht seine Bemühungen als erste Schritte zur »Emanzipation der Sozialwissenschaften von den Mustern der älteren Naturwissenschaften« (WoW, 277) und als Beiträge zur Entfunktionalisierung der Philosophie innerhalb der Methodologie der Humanwissenschaften. Elias grenzt sich allerdings in erster Linie gegen die Erklärungsmuster der älteren Naturwissenschaften, gegen eine philosophische Wissenschaftstheorie und gegen die klassische, ausschließlich auf die Entdeckung von Kausalgesetzen bezogene Physik ab. In *Wissenschaft oder Wissenschaften?* weist Elias darauf hin, dass auch in anderen Wissensbereichen, wie in der physikalischen Kosmologie und in der Biologie, räumlich-zeitliche Synthesemodelle in zunehmendem Maße Verwendung finden:

»Aber es hat sich selbst im Rahmen der physikalischen Wissenschaften herausgestellt, daß die symbolische Darstellung von wiederkehrenden Zusammenhängen in der Form von zeit- und raumlosen Gesetzen als Zentralinstanz der Theoriebildung, als Instrument der symbolischen Synthese durchaus nicht in allen Zweigen der physikalischen Forschung genügt. Selbst in der Physik treten in einzelnen Zweigen, vor allem im Bereiche der physikalischen Kosmologie, neben die Gesetze auch drei- oder vierdimensionale Konfigurations- und Prozeßmodelle als zentrale Repräsentanten der theoretischen Synthese. Das anschaulichste Beispiel dafür sind Modelle des Universums, denen wissenschaftstheoretisch eine ganz besondere Bedeutung zukommt, weil zu ihrer Konstruktion und Überprüfung zwar ganz gewiß Messungen von Teilergebnissen und theoretische Synthesen in der Form von Gesetzen [...] ganz unentbehrlich sind, während zugleich auch die Frage zur Diskussion steht, ob die Struktur des Universums nicht zu den Voraussetzungen für das gehört, was man gern als Geltung von allgemeinen Gesetzen bezeichnet.« (WoW, 272)

Als ein weiteres Beispiel für ein komplexes Prozessmodell wird von Elias die Darstellung des DNS-Moleküls als Doppelhelix genannt. Diese Beispiele verdeutlichen, dass trotz aller Unterschiede dennoch Gemeinsamkeiten zwischen den Wissensbereichen der Physik, der Biologie und der Menschenwissenschaften bestehen. In allen diesen Wissenschaftsbereichen erscheint es sinnvoll, sowohl Gesetze als auch Prozess- und Figurationsmodelle zur Beschreibung und Erklärung zu verwenden.

Gleichwohl können diese Gemeinsamkeiten nicht in ein Plädoyer für eine Universalwissenschaft oder einen Methodenmonismus münden, da Gesetze und Synthesemodelle in den verschiedenen Wissenschaften durchaus einen unterschiedlichen Stellenwert besitzen. Erstens unterscheiden sich nach Elias »die Objekte auf verschiedenen Evolutionsstufen, also zum Beispiel Ansammlungen von Atomen, Ansammlungen von Zellen, vielzellige Lebewesen, Gesellschaften von vormenschlichen Lebewesen und menschliche Gesellschaften [...] voneinander in spezifischer Weise, unter anderem durch ihr Differenzierungs- und Integrationsniveau« (WoW, 274). Entsprechend diesen Struktureigentümlichkeiten ihrer Gegenstandsbereiche müssen die unterschiedlichen Wissenschaften und Disziplinen in relativer Autonomie voneinander arbeiten können. Während z.B. in den klassischen Bereichen der Physik Gesetze dominieren, haben in den Bereichen der physikalischen Kosmologie, wie oben aufgeführt wurde, Gesetze nur eine untergeordnete Bedeutung. Dort dominieren Prozess- und Konfigurationsmodelle. Zweitens sind in »sehr vielen Fällen Gebilde der vorangehenden Evolutionsstufen oder ihnen verwandte Gebilde Teileinheiten der Objekte höherer Organisationsstufen [...], also etwa Atome, Moleküle oder Zellen Teileinheiten der Menschen«. Diese Objekte eines höheren Integrationsniveaus lassen sich nicht zureichend rein analytisch, also allein mittels der Untersuchung ihrer isolierten

Teileinheiten wissenschaftlich erschließen, da »die Art der Organisation, die Integrierung aller Teileinheiten in umso höherem Maße mitbestimmend für die Funktions- und Verhaltensweise von zusammengesetzten Objekten wird, je höher man auf der evolutionären Leiter heraufsteigt« (WoW, 274).

Insbesondere Soziologen haben es mit sehr hoch und vielfältig integrierten Einheiten zu tun, die Menschen miteinander bilden. »Soziologische Forschung verlangt daher Erfahrung und berufliches Geschick im Bau von Synthesemodellen, die sich auf sehr verschiedene Stufen der gesellschaftlichen Integration oder gegebenenfalls auch der Desintegration beziehen können.« (WoW, 276) Die Arbeit des Soziologen wird zusätzlich dadurch erschwert, dass Figurationen (z.B. zwischenstaatliche Figurationen) und Prozesse einer höheren Integrationsstufe aus Teileinheiten bestehen, die sich wiederum als hoch organisierte Figurationen (z.B. Staaten) und Prozesse darstellen. Auch diese setzen sich wiederum aus komplexen Organisationseinheiten, wenngleich mit einem geringeren Grad an Autonomie, zusammen. Mit anderen Worten: »[...] es können solche Figurationen innerhalb von Figurationen, solche Prozesse innerhalb von Prozessen aus vielen miteinander verflochtenen und verschachtelten Ebenen von unterschiedlicher relativer Stärke und Kontrollgewalt bestehen.« (EuD, 46). Diese Verflechtungsstrukturen lassen sich erst durch ein umfassendes intra- und interdisziplinäres Forschungsprogramm, wie es z.B. der Zivilisations- und Staatsbildungstheorie zugrunde liegt, beschreiben und erklären.

Zeitlich-räumliche Synthesen haben somit in den Menschenwissenschaften einen höheren Stellenwert als Gesetze, die sich nur auf einen Ausschnitt des Gesamtgeschehens beziehen können. Ihre Aufgabe ist es, »Probleme und Forschungsresultate der spezialisierten Menschenwissenschaften« zusammenzufassen und in einem »integrierenden theoretischen Rahmenwerk« (EuD, 27) zu vereinheitlichen.

8. Ausblick auf die Zukunft der Weltgesellschaft

»Mit einer Zwangsläufigkeit, deren Gründe deutlich wurden, gehören Kriege kleinerer Verbände im bisherigen Verlauf der Geschichte zu den unvermeidlichen Stufen und Instrumenten der Pazifizierung von größeren. [...] Daher spürt man in unserer eigenen Zeit eine wachsende Neigung, die weiteren zwischenstaatlichen Ausscheidungskämpfe durch andere, weniger riskante und gefährliche Gewaltmittel auszutragen. Aber die Tatsache, daß in unseren Tagen, genau wie früher, die Verflechtungszwänge zu solchen Auseinandersetzungen, zur Bildung von Gewaltmonopolen über größere Teile der Erde und damit, durch alle Schrecken und Kämpfe, zu deren Pazifizierung weiterdrängen, ist deutlich genug. Und man sieht, wie gesagt, hinter den Spannungen der Erdteile, und zum Teil in sie verwoben, bereits die Spannungen der nächsten Stufe auftauchen. Man sieht die ersten Umrisse eines erdumfassenden Spannungssystems von Staatenbünden, von überstaatlichen Einheiten verschiedener Art, Vorspiele von Ausscheidungs- und Vormachtkämpfen über die ganze Erde hin, Voraussetzung für die Bildung eines irdischen Gewaltmonopols, eines politischen Zentralinstituts der Erde und damit auch für deren Pazifizierung. [...]

Erst wenn sich diese zwischenstaatlichen und innerstaatlichen Spannungen ausgetragen haben und überwunden sind, werden wir mit besserem Recht von uns sagen können, daß wir zivilisiert sind. Dann erst [...] kann sich die Regelung der Beziehungen von Mensch zu Mensch eher auf jene Gebote und Verbote beschränken, die notwendig sind, um die hohe Differenzierung der Funktionen aufrechtzuerhalten, [...] die Selbstzwänge auf jene Restriktionen, die nötig sind, damit die Menschen möglichst störungs- und furchtlos miteinander leben, arbeiten und genießen können. Erst mit den Spannungen zwischen den Menschen, mit den Widersprüchen im Aufbau des Menschengeflechts können sich die Spannungen und Widersprüche in den Menschen mildern. Dann erst braucht es nicht mehr die Ausnahme, dann erst kann es die Regel sein, daß der einzelne Mensch jenes optimale Gleichgewicht seiner Seele findet, das wir so oft mit großen Worten wie ›Glück‹ und ›Freiheit‹ beschwören. [...] Erst wenn der Aufbau der zwischenmenschlichen Beziehungen derart beschaffen ist, wenn die Zusammenarbeit der Menschen, die die Grundlage für die Existenz jedes Einzelnen bildet, derart funktioniert, daß es für alle, die in der reichgegliederten Kette der gemeinsamen Aufgaben Hand in Hand arbeiten, zum mindesten möglich ist, dieses Gleichgewicht zu finden, erst dann werden die Menschen mit größerem Recht von sich sagen können, daß sie zivilisiert sind. Bis dahin sind sie bestenfalls im Prozeß der Zivilisation. Bis dahin werden sie sich immer von neuem sagen müssen: ›Die Zivilisation ist noch nicht abgeschlossen. Sie ist erst im Werden.‹« (PdZ II, 451-454)

Diese in ihrer kurz- und mittelfristigen Prognose gleicherweise realistischen, in ihrer langfristigen Prognose *optimistischen* Worte hat Norbert Elias im Jahr 1939 geschrieben, am Vorabend des Zweiten Weltkriegs, als die nationalsozialistische Terrorherrschaft schon sechs Jahre währte, die seiner Mutter den Tod bringen sollte (wohl in Auschwitz), die ihn selber ins Exil gebracht und seine wissenschaftliche Karriere ruiniert hatte.

Dass Elias in dieser Situation fähig war, diese wohlüberlegten Worte zu formulieren, die so prominent das Zivilisationsbuch beschließen, zeigt, wie sehr er seiner eigenen methodologischen Regel folgte, sich als Forscher von der gesellschaftlichen Situation, in der man selber steht, unter der man persönlich leidet, in der man Partei ergreift und engagiert ist, im Interesse einer nüchternen Analyse und Prognose zu distanzieren.

Was Elias im Jahr 1939 aufgrund der von ihm analysierten Figurationsdynamik prognostizierte, war geradezu unglaublich hellsichtig, wenngleich er nur die strukturelle Form, nicht die konkrete Ausformung voraussagen konnte: Die vorausgesagten Ausscheidungskämpfe zwischen »Staatenbünden« kamen eher, als ihm lieb sein konnte: zunächst zwischen den Achsenmächten und den Alliierten, dann zwischen der NATO und dem Warschauer Pakt, heute zwischen USA-geführten und teilweise UN-mandatierten globalen Allianzen gegen Koalitionen islamistischer Staaten, in Zukunft womöglich zwischen Nordamerika, Europa, China und dem einen oder anderen Schwellenland um wirtschaftliche und politische Vormachtstellung im globalen Maßstab.

Hatten manche Beobachter wie Francis Fukuyama schon gehofft, dass das »Ende der Geschichte« bereits mit dem Zusammenbruch der Sowjetunion erreicht sei,[103] greift Samuel Huntington mit seiner Analyse, dass nicht mehr Staatenbünde, sondern Zivilisationen (die westliche vs. die islamische, slawisch-orthodoxe, chinesische, japanische, hinduistische, lateinamerikanische, afrikanische) miteinander konkurrieren,[104] wohl genauso kurz, auch weil er die Heterogenität innerhalb dieser kulturellen Blöcke unterschätzt.

Aber gerade die Lebhaftigkeit dieser Diskussion (vor allem Huntingtons These, die eigentlich als Widerlegung Fukuyamas gedacht war, löste heftige Kontroversen aus) bestätigt die Richtigkeit von Elias' Prognose, dass sich die zwischenstaatlichen Konflikte auf die Ebene überstaatlicher Figurationen verlagert haben und dass ein Ende der Auseinandersetzungen, die vielleicht einmal in einem weltumspannenden Gewaltmonopol enden werden, noch lange nicht in Sicht ist. Im Gegenteil, neue, heute noch gar nicht abzusehende Konflikte sind wahrscheinlich.

Eine zweite Prognose ist, zumindest teilweise, ebenfalls eingetreten, nämlich die Tendenz, den Krieg durch »andere, weniger riskante und gefährliche Gewaltmittel« zu ersetzen. Der letzte Weltkrieg liegt jetzt, wo diese Zeilen zu Papier gebracht werden, 68 Jahre zurück, und allen ist klar, dass die Erde einen weiteren Weltkrieg nicht mehr überstehen würde. Dabei wurde der große Kampf um die globale Hegemonie der Staatenblöcke NATO und Warschauer Pakt durchaus als militärische Auseinandersetzung geführt, allerdings durch reines Wettrüsten im Rahmen eines »kalten Kriegs« – ein Begriff, der Elias' Prognose geradezu perfekt trifft.

So zynisch es klingt: Auch das Mittel des Terrorismus erscheint den islamistischen Kämpfern als ein »weniger riskantes und gefährliches Gewaltmittel« als echte Kriege, die sie nicht gewinnen können. Und der sich ankündigende Vormachtkampf zwischen China und der westlichen Welt wird vermutlich kaum noch eine militärische Dimension aufweisen, sondern mit wirtschaftlichen und diplomatischen Mitteln ausgetragen werden. Das Ausweichen der globalen Kontrahenten auf nicht-kriegerische Mittel, so blutig wie sie im Fall des Terrorismus auch sein mögen, schließt regionale Kriege nicht aus, selbst wenn es sich dabei um Interventionen globaler Allianzen handelt.

Elias' dritte Prognose, nämlich die Herausbildung »eines politischen Zentralinstituts der Erde« als Voraussetzung »für deren Pazifizierung« scheint sich einerseits in regionalen Stufen und andererseits entlang verschiedener Dimensionen mit unterschiedlichen Geschwindigkeiten zu realisieren. Wahrscheinlich hätte sich Elias im Jahr 1939 nicht träumen lassen, dass die Europäische Union noch zu seinen Lebzeiten die längste Phase des Friedens in Europa seit dem Ende der *pax romana* bewirken würde. Auch wenn die europäische Integration ein Musterbeispiel für einen Oszillationsprozess darstellt, bei dem insbesondere die Stimmung (und weniger der tatsächliche *acquis communautaire*) zwischen optimistischen und pessimistischen Phasen pendelt, weist der Trend, um den sich die Oszillation bewegt, eindeutig in Richtung zunehmender Integration auf wirtschaftlichem, politischem, kulturellem und militärischem Gebiet.[105]

Besser als ihr Ruf ist auch der Stand der globalen Integration. Dass mittlerweile 193 Länder die Charta der Vereinten Nationen unterzeichnet haben, dass 42 Nebenorgane, Sonderorganisationen und Hilfsprogramme regulierend, unterstützend, fördernd, intervenierend und sanktionierend in die Angelegenheiten der Nationalstaaten eingreifen, heißt zwar nicht, dass das »politische Zentralinstitut der Erde« bereits geschaffen wäre, aber dass die Welt auf dem Weg zu einer suprastaatlichen Organisation ist, auch wenn vielen Beobachtern das Tempo noch zu gering und das Erreichte noch als zu wenig erscheinen mag.

Die Lehren aus dem Versagen der Blauhelme in Ruanda (1994) und Srebrenica (1995) haben zu einem massiven Integrationsschub geführt, der – erstmals in der Geschichte der Menschheit – durchaus schlagkräftige weltweite militärische Kompetenzen auf supranationaler Ebene geschaffen hat. Nach einer empirischen Untersuchung waren bis zum Jahr 2005 bereits zwei Drittel aller UN-Friedensmissionen erfolgreich. Sieben von acht Projekten der Vereinten Nationen zum Staatsaufbau führten zu stabilem Frieden, verglichen mit vier von acht erfolgreichen Initiativen der USA.[106] Auch dank der UN-Interventionen ist die Zahl der weltweiten Kriegstoten im neuen Jahrtausend auf 19 Prozent gegenüber dem Niveau zur Zeit des kalten Kriegs gesunken.[107] Die Fakten belegen, dass die Menschheit auf dem Weg zu einem »politische[n] Zentralinstitut der Erde«, das die Welt eines Tages pazifizieren wird, schon ein gutes Stück vorangekommen ist, auch wenn das Ziel noch in der Ferne liegt.

Elias' vierte Prognose, dass eines Tages auch Verbote und Gebote, Selbstzwänge und Restriktionen auf ein funktional notwendiges Mindestmaß beschränkt werden können, so dass die Menschen bessere Chancen haben, »Freiheit« und »Glück« zu finden, muss differenziert beurteilt werden. Weltweit ist die Richtigkeit der Prognose *prima vista* zu bejahen, auch wenn islamistische Revolutionen vereinzelt zu Rückschlägen geführt haben. Paradoxerweise sind die Revolten des »Arabischen Frühlings« der Jahre 2010 ff. geführt worden, um eine Liberalisierung zu erreichen, haben aber neben gemäßigten reformislamischen Parteien, die in den meisten Ländern nach der Revolution stärkste Kraft wurden, auch zu einem Erstarken der Salafisten geführt, die sogar noch stärkere Fremd- und Selbstzwänge fordern, als sie die abgesetzten despotischen Regime praktiziert hatten.[108]

Die westlichen Gesellschaften haben einen massiven Informalisierungsschub im Gefolge der 1968er Studentenbewegung erlebt, der zu einem Abbau von Fremdzwängen (z.B. Liberalisierung des Strafrechts) wie von Selbstzwängen (z.B. sexuelle Befreiung) innerhalb weniger Jahre geführt hat. Ulrich Beck sah uns Ende der 1990er Jahre als »Kinder der Freiheit«[109].

Allerdings wäre es zu kurz gegriffen, aus der Liberalisierung im Bereich der Sexualität, der Geschlechtsrollen, der Familienverhältnisse, der politischen Partizipation und der Gestaltbarkeit der persönlichen Biografien (»Bastelbiografien«) eine generelle Informalisierungstendenz abzuleiten, denn diesen Informalisierungen stehen auch Bereiche gegenüber, in denen im neuen Millennium eindeutige gesetzliche Entliberalisierungen, eine Verschärfung gesellschaftlicher Normen und ein Anwachsen persönlicher Selbstzwänge zu beobachten sind, beispielsweise im Bereich der bis zur Selbstausbeutung reichenden Arbeitsethik, der Verschärfung der *compliance*-Regelungen in der Wirtschaft, des Konsumverhaltens, insbesondere des Rauchens und der Ernährung oder des Umweltbewusstseins und Umweltverhaltens.

Die Informalisierung und die Verschärfung von Selbst- und Fremdzwängen können sogar Hand in Hand gehen. Im Bereich des Sexualverhaltens hat es im ersten Jahrzehnt des 21. Jahrhunderts eine extreme Informalisierung gegeben. Selbst harte Pornografie ist gesellschaftsfähig geworden, und im Friseursalon ausgelegte Publikumszeitschriften drucken Regeln für One-Night-Stands ab. Auf der anderen Seite erlebte Anfang 2013 ein älterer deutscher Spitzenpolitiker massive öffentliche Kritik, weil er in einer

Situation, in der das Flirten gesellschaftlich zulässig ist (nach Mitternacht in einer Hotelbar), einer Journalistin ein Kompliment über deren Oberweite machte, das noch wenige Jahre zuvor als akzeptabel gegolten hätte.[110] Der Politiker sei, so die Journalistin, »aus der Zeit gefallen«, habe also offensichtlich die in den letzten Jahren eingetretene Verschärfung der Normen nicht mitbekommen. Gab es in den 1960er Jahren Generationenkonflikte, weil die jüngere Generation die straffen Regeln der Älteren nicht akzeptierte, hatte jetzt der Ältere die verschärften Ansprüche der jüngeren Generation an die Affektberrschung nicht verstanden. Angesichts der Heftigkeit der öffentlichen Debatte über diese Angelegenheit (»Sexismus«) sah sich der Bundespräsident genötigt, die harte Reaktion auf das verunglückte Kompliment als »Tugendfuror«[111] zu kritisieren, was aber wiederum Gegenreaktionen auslöste, die belegen, wie aktuell Elias' Beobachtung noch ist, dass Differenzen im Grad der Affektbeherrschung soziale Konflikte auslösen.

Viele dieser neuen Selbstzwänge sind so stark geworden, dass sie kontraproduktiv werden oder gar zur Selbstschädigung führen, beispielsweise wenn 57 Prozent der Deutschen trotz Krankschreibung aus Pflichtbewusstsein zur Arbeit gehen,[112] wenn das nachweislich gestiegene Umweltbewusstsein[113] den Charakter eines »Öko-Fimmels« annimmt, der kontraproduktive Folgen für die Umwelt zeigt,[114] oder wenn das Streben nach gesunder Ernährung sogar zu einer Über-Ich-Stärke führt, die in eine psychische Erkrankung namens *orthorexia nervosa* mündet[115] oder die vegetarisch lebende Eltern dazu bringt, ihr Kind verhungern zu lassen.[116]

Dass die Menschheit offenbar erfinderisch genug ist, sich immer neue Selbstzwänge aufzuerlegen, lässt Zweifel aufkommen, dass die Zivilisation ein Prozess ist, der jemals zu einem Ende kommen wird. Dies wäre angesichts der von Elias analysierten Dynamik der Menschheitsentwicklung auch kaum vorstellbar.

Anhang

Anmerkungen

1 Zwar hatte bereits im Jahr 1739 David Hume (A Treatise of Human Nature, Mineola 2004, S. ix) in ähnlicher Weise wie Elias eine ganzheitliche »science of man« gefordert, damit aber nicht die Aufsplitterung der Einzeldisziplinen verhindern können, die Elias wieder zusammenführen wollte (PdZ II, LXXIX f.; GdI, 60; EuD, 187 ff.).
2 É. Durkheim, Die Regeln der soziologischen Methode, 7. Aufl., Frankfurt/M. 1984.
3 F. Engels, Ludwig Feuerbach und der Ausgang der klassischen deutschen Philosophie, Zittau 2009, Kap. IV.
4 M. Weber, Wirtschaft und Gesellschaft, 5. Aufl. Tübingen 1980, S. 2-11.
5 A. Suchanek et al., homo oeconomicus, Gabler Wirtschafts-Lexikon, online-Ausgabe im Internet, http://wirtschaftslexikon.gabler.de/Archiv/8004/homo-oeconomicus-v10.html, zugegriffen am 22.4.2013.
6 R. Dahrendorf, Homo Sociologicus: Ein Versuch zur Geschichte, Bedeutung und Kritik der Kategorie der sozialen Rolle, 17. Aufl. Wiesbaden 2010.
7 V. Vanberg, Die zwei Soziologien, Individualismus und Kollektivismus in der Sozialtheorie, Tübingen 1975.
8 M. Weber, Die protestantische Ethik und der Geist des Kapitalismus, 3. Aufl. Müchen 2010.
9 P. Bourdieu, Die feinen Unterschiede, 22. Aufl. Frankfurt/M. 1987.
10 H. Kleinhans, Soziologische Erklärungen zum Verhalten von Arbeitsmigranten, Diss. Ruhr-Universität Bochum 1980; H. Korte, Die etablierten Deutschen und ihre ausländischen Außenseiter, in: P. Gleichmann/J. Goudsblom/H. Korte (Hg.), Macht und Zivilisation. Materialien zu Norbert Elias' Zivilisationstheorie 2, Frankfurt/M. 1984, S. 261-279; V. Eichener, Ausländer im Wohnbereich. Theoretische Modelle, empirische Analysen und politisch-praktische Maßnahmenvorschläge zur Eingliederung einer gesellschaftli-

chen Außenseitergruppe, Kölner Schriften zur Sozial- und Wirtschaftspolitik Bd. 8, Regensburg 1988.

11 D. Senghaas, Wohin driftet die Welt? Über die Zukunft friedlicher Koexistenz, Frankfurt a.M. 1994, S. 19.

12 S. Vertigan, British Muslims and the UK government's ›war on terror‹ within: evidence of a clash of civilizations or emergent decivilizing processes? In: The British Journal of Sociology, Bd. 61, Nr. 1 (2010), S. 26-44.

13 T.S. Kuhn, The Structure of Scientific Revolutions, 4. Anniversary Aufl., Chicago 2012.

14 H.P. Dreitzel (Hg.), Sozialer Wandel, Neuwied 1967.

15 Vgl. K.R. Popper, Logik der Forschung, 6. Aufl. Tübingen 1976.

16 Zur Biografie und Werkgenese vgl. Norbert Elias, Über sich selbst, Frankfurt/M. 1990; NzL sowie H. Korte, Über Norbert Elias. Das Werden eines Menschenwissenschaftlers, Frankfurt/M. 1988.

17 M. Horkheimer, Die gegenwärtige Lage der Sozialphilosophie und die Aufgaben eines Instituts für Sozialforschung, in: ders., Sozialphilosophische Studien, Frankfurt/M. 1981, S. 33-46 (hier: S. 41).

18 Ebenda, S. 43.

19 S. Freud, Neue Folge der Vorlesungen zur Einführung in die Psychoanalyse, Frankfurt/M. 1969, S. 605f.

20 N. Elias, Vorwort, in: H.-V. Krumrey, Entwicklungsstrukturen von Verhaltensstandarden. Eine soziologische Prozeßanalyse auf der Grundlage deutscher Anstands- und Manierenbücher von 1870 bis 1970, Frankfurt/M. 1984, S. 11-14 (hier: S. 13f.).

21 Zur Rezeptionsgeschichte von Elias' Werk vgl. Johan Goudsblom, Aufnahme und Kritik der Arbeiten von Norbert Elias in England, Deutschland, den Niederlanden und Frankreich, in: P. Gleichmann/J. Goudsblom/H. Korte (Hg.), Materialien zu Norbert Elias' Zivilisationstheorie, Frankfurt/M. 1977, S. 17-100; ders., Aufnahme und Kritik der Arbeiten von Norbert Elias. Kurze Ergänzung der Rezeptionsgeschichte, in: P. Gleichmann u.a. (Hg.), Macht und Zivilisation. Materialien zu Norbert Elias' Zivilisationstheorie 2, Frankfurt/M. 1984, S. 305-322; H. Korte, Über Norbert Elias, a.a.O.; K.-S. Rehberg, Form und Prozeß. Zu den katalysatorischen Wirkungschancen einer Soziologie aus dem Exil: Norbert Elias, in: P. Gleichmann/J. Goudsblom/H.Korte (Hg.), Materialien zu Norbert Elias' Zivilisationstheorie, a.a.O., S. 101-169.

22 N. Elias, Studies in the Genesis of the Naval Profession, in: British Journal of Sociology 1 (1950), S. 291-309.

23 N. Elias, Problems of Involvement and Detachment, in: British Journal of Sociology 7 (1956), S. 226-252.

24 Vgl. Norbert Elias über sich selbst, Frankfurt/M. 1990, S. 85ff.

25 Vgl. N. Elias/J. L. Scotson, The Established and the Outsiders. A Sociological Enquiry into Community Problems, London 1965 (dt.: Etablierte und Außenseiter, Frankfurt/M. 1990).

26 R. Brown, Norbert Elias in Leicester. Some Recollections, in: Theory, Culture & Society 4 (1987), S. 533-539 (hier: S. 537). Die Übersetzung wurde von den Autoren vorgenommen.

27 H. Korte, Über Norbert Elias, a.a.O., S.25f.

28 Zur Bibliografie seines Gesamtwerks vgl.: Veröffentlichungen von Norbert Elias, in: P. Gleichmann/J. Goudsblom/H. Korte (Hg.), Materialien zu Norbert Elias' Zivilisationstheorie, a.a.O., S. 432-435; J. Goudsblom, Aufnahme und Kritik der Arbeiten von Norbert Elias, a.a.O.; R. Knijff, Bibliography of Norbert Elias. 1983-86, in: Theory, Culture & Society 4 (1987), S. 541-543.

29 N. Elias, Die Genese des Sports als soziologisches Problem, in: N. Elias/E. Dunning, Sport im Zivilisationsprozeß. Studien zur Figurationssoziologie, hrsg. von W. Hopf, Münster 1983, S. 9-46. Die englische Originalversion, The Genesis of Sport as a Sociological Problem, erschien 1971 in: E. Dunning (Hg.), The Sociology of Sport, London.

30 N. Elias, Die Genese des Sports als soziologisches Problem, a.a.O., S. 16.

31 N. Elias, Humana conditio. Beobachtungen zur Entwicklung der Menschheit am 40. Jahrestag eines Kriegsendes (8. Mai 1985), Frankfurt/M. 1985.

32 J. Goudsblom, Aufnahme und Kritik der Arbeiten von Norbert Elias, a.a.O., S. 311.

33 P. Gleichmann/J. Goudsblom/H. Korte (Hg.), Human Figurations. Essays for/Aufsätze für Norbert Elias, Amsterdam 1977; dies. (Hg.), Materialien zu Norbert Elias' Zivilisationstheorie, a.a.O.; dies. (Hg.), Macht und Zivilisation, a.a.O.

34 H. Korte, Über Norbert Elias. Das Werden eines Menschenwissenschaftlers, Frankfurt a.M. 1988.

35 H. Korte (Hg.), Gesellschaftliche Prozesse und individuelle Praxis. Bochumer Vorlesungen zu Norbert Elias' Zivilisationssoziologie, Frankfurt a.M. 1990.

36 http://www.norberteliasfoundation.nl.

37 V. Eichener, Das Entscheidungssystem der Europäischen Union: Institutionelle Analyse und demokratietheoretische Bewertung, Opladen 2000.

38 P. Bourdieu, Die feinen Unterschiede, 22. Aufl. Frankfurt/M. 1987 mit Elias-Zitaten auf S. 132, 578, 769, 770.

39 V. Vanberg, Die zwei Soziologien, Individualismus und Kollektivismus in der Sozialtheorie, Tübingen 1975, S. 103, 178, 238.

40 Vgl. R. Boudon, Die Logik des gesellschaftlichen Handelns, Darmstadt/Neuwied 1980; R. Wippler, Nicht intendierte Folgen individueller Handlungen, in: Soziale Welt 24 (1980), S. 155-179.

41 H. Esser, Figurationssoziologie und methodologischer Individualismus. Zur Methodologie des Ansatzes von Norbert Elias, in: Kölner Zeitschrift für Soziologie und Sozialpsychologie 36 (1984), S. 667-702; N. Elias, Das Credo eines Metaphysikers. Kommentare zu Poppers »Logik der Forschung«, in: Zeitschrift für Soziologie 14 (1985), S. 93-114; H. Albert, Mißverständnisse eines Kommentators. Zu Norbert Elias. Das Credo eines Metaphysikers, in: Zeitschrift für Soziologie 14 (1985), S. 265-267; N. Elias, Wissenschaft oder Wissenschaften? Beitrag zu einer Diskussion mit wirklichkeitsblinden Philosophen, in: Zeitschrift für Soziologie 14 (1985), S. 268-281; H. Esser, Logik oder Metaphysik der Forschung? Bemerkungen zur Popper-Interpretation von Elias, in: Zeitschrift für Soziologie 14 (1985), S. 257-264.

42 H. P. Duerr, Nacktheit und Scham. Der Mythos vom Zivilisationsprozeß. Bd. 1, Frankfurt/M. 1988; ders., Intimität. Der Mythos vom Zivilisationsprozeß. Bd. 2, Frankfurt/M. 1990.

43 So z.B. R. Kilminster, Introduction to Elias, in: Theory, Culture & Society 4 (1987), S. 213-222 (hier: S. 213).

44 International Sociological Association, Books of the Century, http://www.isa-sociology.org/books/vt/bkv_000.htm, zugegriffen am 1.3.2013.

45 V. Eichener, Elias, Norbert, in: F. Volpi (Hrsg.), Großes Werklexikon der Philosophie, Stuttgart 1999/2004; V. Eichener, Elias, Norbert, in: Th. Bedorf/A. Gelhard (Hrsg.), Deutsche Philosophie im 20. Jahrhundert, Darmstadt 2012.

46 U. Greiner, Norbert Elias. Zum Tod des großen Soziologen, in: Die Zeit vom 10.8.1990.

47 N. Elias, Idee und Individuum. Eine kritische Untersuchung zum Begriff der Geschichte, Breslau 1924, S. 4.

48 Ebenda, S. 29.

49 N. Elias, Idee und Individuum. Ein Beitrag zur Philosophie der Geschichte. Auszug aus einer Schrift zur Erlangung der Doktorwürde der Hohen Philosophischen Fakultät der Schl. Friedrich-Wilhelms-Universität zu Breslau, Breslau 1924, S. 4.

50 K.-S. Rehberg, Philosophische Anthropologie und die »Soziologisierung« des Wissens vom Menschen. Einige Zusammenhänge zwischen einer philosophischen Denktradition und der Soziologie in Deutschland, in: M. R. Lepsius (Hg.), Soziologie in Deutschland und Österreich 1918-1945, Opladen 1981, S. 160-198 (hier: S. 164).

51 A. Honneth/H. Joas, Soziales Handeln und menschliche Natur. Anthropologische Grundlagen der Sozialwissenschaft, Frankfurt/M. 1980, S. 13. Vgl. hierzu auch L. Kofler, Der asketische Eros, Wien u.a. 1967.

52 Honneth/Joas, a.a.O., S. 16.

53 H. Süßmuth, Geschichte und Anthropologie. Wege zur Erforschung des Menschen, in: ders. (Hg.), Historische Anthropologie. Der Mensch in der Geschichte, Göttingen 1984, S. 5-18 (hier: S. 8).

54 J. Goudsblom, zitiert nach: N. Wilterdink, Die Zivilisationstheorie im Kreuzfeuer der Diskussion. Ein Bericht vom Kongreß über Zivilisationsprozesse in Amsterdam, in: P. Gleichmann u.a. (Hg.), Macht und Zivilisation, Materialien zu Norbert Elias' Zivilisationstheorie 2, Frankfurt/M. 1984, S. 280-304 (hier: S. 281).

55 Vgl. J. Goudsblom, Die Erforschung von Zivilisationsprozessen, in: P. Gleichmann u.a. (Hg.), Macht und Zivilisation, a.a.O., S.86ff.

56 So einige frühe Rezensenten, die den gesellschaftstheoretischen Gehalt von Elias' Werk verkannten. Vgl. J. Goudsblom, Aufnahme und Kritik der Arbeiten von Norbert Elias in England, Deutschland, den Niederlanden und Frankreich, in: P. Gleichmann/J. Goudsblom/H. Korte (Hg.), Materialien zu Norbert Elias' Zivilisationstheorie, Frankfurt/M. 1977, S. 17-100.

57 W. Wenger, Die Geschichte ist zu gar nichts da. Geschichtsphilosophie X: Betrachtungen zu Norbert Elias' Zivilisationstheorie, Berliner Zeitung vom 18.12.2000.

58 V. Eichener, Ratio, Kognition und Emotion. Der Modus menschlichen Handelns als abhängige Variable des Gesellschaftsprozesses, in: Zeitschrift für Soziologie 18 (1989), S. 346-361.

59 Vgl. P. Gleichmann/J. Goudsblom/H. Korte, Vorwort, in: dies. (Hg.), Materialien zu Norbert Elias' Zivilisationstheorie, a.a.O., S.10.

60 Vgl. H. Korte über Norbert Elias. Das Werden eines Menschenwissenschaftlers, Frankfurt/M. 1988.

61 Z.B. A. Wehowsky, Uns beweglicher machen als wir sind – Überlegungen zu Norbert Elias, in: Ästhetik und Kommunikation 30 (1977), S. 8-18; A. Cremer, Höfische Gesellschaft und »Königsmechanismus« – zur Kritik an einem Modell absolutistischer »Einherrschaft«, in: Sozialwissenschaftliche Informationen für Unterricht und Studium 12 (1983), Nr. 4, S. 227-231; S.F. Sampson, The Formation of European National States, the Elaboration of Functional Interdependence Networks, and the Genesis of Modern Self Control, in: Contemporary Sociology 13 (1984), Nr. 1, S. 22-27.

62 A. Bogner, Zivilisation und Rationalisierung. Die Zivilisationstheorien Max Webers, Norbert Elias' und der Frankfurter Schule im Vergleich, Opladen 1989, S. 54.

63 Diese »Lücke« in Elias' Forschungsprogramm ist inzwischen allerdings weitgehend geschlossen worden. Zu den städtisch-bürgerlichen Schichten vgl. z.B. M. Huppertz, Städteentwicklung im Staatsbildungsprozeß. Analysen zur Genese städtischer und staatlich-gesellschaftlicher Figurationen am deutschen Beispiel, Frankfurt/M. u.a. 1986.

64 Diskussionsbeitrag von Anton Blok, zitiert in: N. Wilterdink, Die Zivilisationstheorie im Kreuzfeuer der Diskussion, in: P. Gleichmann/J. Goudsblom/H. Korte (Hg.), Macht und Zivilisation. Materialien zu Norbert Elias' Zivilisationstheorie 2, Frankfurt/M. 1984, S. 290.

65 Wilterdink, Die Zivilisationstheorie im Kreuzfeuer der Diskussion, a.a.O., S. 294.

66 Vgl. dazu Elias' wissenschaftstheoretische Ausführungen zum Thema »Engagement und Distanzierung«, die in Kapitel 7 dieser Einführung dargestellt sind.

67 Vgl. P. Gleichmann/J. Goudsblom/H. Korte, Vorwort, in: dies. (Hg.), Materialien zu Norbert Elias' Zivilisationstheorie, Frankfurt/M. 1977, S. 10f.

68 H. P. Duerr, Nacktheit und Scham. Der Mythos vom Zivilisationsprozeß 1, Frankfurt/M. 1988. Die Polemik, die der Untertitel enthält, wird besonders deutlich, wenn man sich vor Augen hält, dass Elias seine wissenschaftliche Aufgabe darin sah, »Mythenjäger« zu sein (WiS, 51).

69 Ebenda, S. 335. Für die räumlich-zeitliche Universalität des Schamempfindens spreche nach Duerr nicht zuletzt auch das biblische »und sie sahen, daß sie nackt waren« (1. Moses 3, 7).

70 M. Schröter, Scham im Zivilisationsprozeß. Zur Diskussion mit Hans Peter Duerr, in: H. Korte (Hg.), Gesellschaftliche Prozesse und individuelle Praxis. Bochumer Vorlesungen zur Zivilisationstheorie, Frankfurt/M. 1990, S. 34-76.

71 Vgl. auch J. Goudsblom, Die Erforschung von Zivilisationsprozessen, in: P. Gleichmann/J. Goudsblom/H. Korte (Hg.), Macht und Zivilisation. Materialien zu Norbert Elias' Zivilisationstheorie 2, Frankfurt/M. 1984, S. 92 f.

72 M. Schröter, Scham im Zivilisationsprozeß, a.a.O., S. 52 ff. Für eine empirisch fundierte Auseinandersetzung mit weiteren Vorwürfen eines nachlässigen Quellenumgangs vgl. ebenda, S. 56-63.

73 Ebenda, S. 64 ff.

74 Ebenda, S. 70.

75 Ebenda, S. 72.

76 Vgl. dazu die Befunde der anthropologischen Forschung, die bei Wilterdink, Die Zivilisationstheorie im Kreuzfeuer der Diskussion, a.a.O., S. 291 f., diskutiert werden.

77 Vgl. zur Liberalisierung des Sexuallebens, der Erziehung und weiterer Beispiele: H. Korte, Eine Gesellschaft im Aufbruch. Die Bundesrepublik in den 60er Jahren, Frankfurt/M. 1977. Elias selbst hat bereits 1936 erste Ansätze einer zeitgenössischen Verhaltenslockerung gesehen (PdZ 1, 257 f.).

78 C. Wouters, Informalisierung und der Prozeß der Zivilisation, in: P. Gleichmann/J. Goudsblom/H. Korte (Hg.), Materialien zu Norbert Elias' Zivilisationstheorie, Frankfurt/M. 1977, 279-298. Das Informalisierungskonzept wurde von Elias selbst aufgenommen in »Studien über die Deutschen« (SüdD, 33-60).

79 P. Bourdieu, Die feinen Unterschiede, 22. Aufl. Frankfurt/M. 1987, S. 26, 87, 100 ff.

80 Ebenda, S. 159, 167, 160.

81 Ebenda, S. 296.

82 Ebenda, S. 490; die modernen, lebensstilgeprägten Milieus der Oberschichten sind vom Sigma- und Sinus-Institut identifiziert worden (J. Ueltzhöffer/B. Flaig, Spuren der Gemeinsamkeit? Soziale Milieus in Ost- und Westdeutschland., in: W. Weidenfeld (Hrsg.): Deutschland – Eine Nation – doppelte Geschichte, Köln 1993, S. 61-81).

83 V. Eichener, Ratio, Kognition und Emotion. Der Modus menschlichen Handelns als abhängige Variable des Gesellschaftsprozesses, in: Zeitschrift für Soziologie 18 (1989), Nr. 5, S. 356.

84 Aufgrund eines gewissen teleologischen Impetus, den die Schlussbemerkungen des Prozessbuches enthalten (PdZ II, 453 f.), ist Elias selbst allerdings nicht ganz unschuldig an diesen Missverständnissen.

85 V. Eichener, Ausländer im Wohnbereich. Theoretische Modelle, empirische Analysen und politisch-praktische Maßnahmenvoschläge zur Eingliederung einer gesellschaftlichen Außenseitergruppe, Kölner Schriften zur Sozial- und Wirtschaftspolitik, Bd. 8, Regensburg 1988, S. 104.

86 A. Bogner, Zivilisation und Rationalisierung, a.a.O., S. 42f.

87 N. Elias, Zivilisation, in: B. Schäfers (Hg.), Soziologische Grundbegriffe, Opladen 1986, S. 384.

88 Vgl. M. Schröter, Scham im Zivilisationsprozeß, a.a.O., S. 47 f., der in dieser Differenzierung einen evidenten »theoretischen Gewinn« sieht.

89 So die von Elias selbst gewählte Bezeichnung (NzL, 58ff.).

90 Vgl. zu dieser Kontroverse aus individualistischer Perspektive: V. Vanberg, Die zwei Soziologien. Individualismus und Kollektivismus in der Sozialtheorie, Tübingen 1975, sowie aus strukturalistischer Perspektive: B.H. Mayhew, Structuralism versus Individualism, Part 1, in: Social Forces 59 (1980), S. 335-375, Part 2, ebenda, Bd. 59 (1981), S. 627-648.

91 Hier liegt Elias' wesentliche Kritik an Freud, von dem er zwar den Begriff des »Über-Ich« als Selbstkontrollapparatur zur Affektregulation übernommen hat, dem er jedoch nicht in der statischen Konzeption der menschlichen Persönlichkeit folgt. Während Freud betont, dass der Mensch im Wesentlichen durch die Libido bestimmt sei, macht Elias die Wandlung der menschlichen Persönlichkeit in Richtung einer zunehmenden Trieb- und Affektkontrolle zum Gegenstand seiner Zivilisationstheorie.

92 Diese Elias'sche Regel ist, ebenso wie die beiden folgenden Regeln, herausgearbeitet worden von: P. Gleichmann/J. Goudsblom/H.

Korte, Vorwort, in: dies. (Hg.), Materialien zu Norbert Elias' Zivilisationstheorie, Frankfurt/M. 1977, S. 9f.

93 Ebenda, S. 10.

94 Näheres bei: V. Eichener, Ratio, Kognition und Emotion. Der Modus menschlichen Handelns als abhängige Variable des Gesellschaftsprozesses, in: Zeitschrift für Soziologie 18 (1989), S. 346-361.

95 *Die höfische Gesellschaft* (1969) ist die überarbeitete und erweiterte Fassung von Elias' Habilitationsschrift, die er 1933 an der Johann Wolfgang Goethe-Universität zu Frankfurt eingereicht hatte. Zum Abschluss des Habilitationsverfahrens kam es jedoch nicht mehr, da das Seminar für Soziologie im Zuge der Machtergreifung der Nationalsozialisten geschlossen wurde und Elias aufgrund seiner jüdischen Herkunft Deutschland verlassen musste.

96 Pierre Bourdieu, Sozialer Raum und ›Klassen‹. Leçon sur la leçon, Zwei Vorlesungen, Frankfurt/M. 1985, S. 73. Auch der am Hofe lebende und arbeitende bürgerliche Künstler war, als Maler oder Musiker, diesen Zwängen unterworfen. In *Mozart – Zur Soziologie eines Genies* (Frankfurt/M. 1991) zeigt Elias die Konflikte, die entstanden, wenn sich der bürgerliche Künstler dem Verhaltenskanon und Schaffenszwängen bei Hofe nicht beugen wollte. In der höfischen Gesellschaft, die den Geniebegriff noch nicht kannte, waren diese Konflikte unvermeidbar, denn der Künstler konnte mit seinen Produkten nicht auf einen »freien« Markt bürgerlicher Konsumenten ausweichen.

97 Man kann vielleicht als Regel formulieren, dass sich der Außenseiterstatus einer sozialen Gruppe nach einiger Zeit darin niederschlägt, dass der bloße Begriff, der diese Gruppe kennzeichnet, negative Wertmomente erhält. Dies zeigt sich beispielsweise daran, dass der ursprünglich wertneutrale Begriff »Weib« aufgrund der sexistischen Unterdrückung derart negativ wurde, dass er durch den eigentlich nicht korrekten Begriff »Frau«/»Fräulein« (vgl. dazu Fausts Begegnung mit Gretchen) ersetzt wurde, der als Herrschaftstitel positiv besetzt war. Ein ähnliches Phänomen stellt heute die sprachkosmetische Substitution des Begriffs »Alte« durch »Senioren« dar, in der sich der Wandel der Machtbalance zwischen den Generationen ausdrückt.

98 Vgl. H. Kleinhans, Soziologische Erklärungen zum Verhalten von Arbeitsmigranten, Diss. Ruhr-Universität Bochum 1980; H. Korte,

Die etablierten Deutschen und ihre ausländischen Außenseiter, in: P. Gleichmann/J. Goudsblom/H. Korte (Hg.), Macht und Zivilisation. Materialien zu Norbert Elias' Zivilisationstheorie 2, Frankfurt/M. 1984, S. 261-279; V. Eichener, Ausländer im Wohnbereich. Theoretische Modelle, empirische Analysen und politisch-praktische Maßnahmenvorschläge zur Eingliederung einer gesellschaftlichen Außenseitergruppe, Kölner Schriften zur Sozial- und Wirtschaftspolitik Bd. 8, Regensburg 1988.

99 P. Bourdieu, Die feinen Unterschiede, 22. Aufl. Frankfurt/M. 1987.

100 Vgl. H. Korte, Die etablierten Deutschen und ihre ausländischen Außenseiter, a.a.O., S. 269f.

101 N. Elias, Problems of Involvement and Detachment, in: British Journal of Sociology, 7. Jg. (1956), S. 226-252; ders., Sociology of Knowledge. New Perspectives, in: Sociology, 5. Jg. (1971), S. 149-168 und S. 355-370.

102 Siehe hierzu insbesondere die von Hermann Korte aufgeführten Publikationen in englischer Sprache von Norbert Elias, in: H. Korte, Über Norbert Elias. Das Werden eines Menschenwissenschaftlers, Frankfurt/M. 1988, S. 193f.

103 F. Fukuyama, The End of History and the Last Man, New York 1992.

104 S.P. Huntington, The Clash of Civilizations, New York 1996.

105 Grundlegend: V. Eichener, Das Entscheidungssystem der Europäischen Union: Institutionelle Analyse und demokratietheoretische Bewertung, Opladen 2000; vgl. zum aktuellen Stand: W. Weidenfeld, Die Europäische Union, 2. Aufl. Stuttgart 2011.

106 J. Dobbins et al., The UN's role in nation-building: from the Congo to Iraq, RAND Corporation, Santa Monica 2005.

107 Human Security Report Project, Human Security Report 2012: Sexual Violence, Education, and War: Beyond the Mainstream Narrative, Vancouver 2012, S. 153.

108 S. Rosiny, Ein Jahr »Arabischer Frühling«: Auslöser, Dynamiken und Perspektiven, in: GIGA German Institute of Global and Area Studies – Leibniz-Institut für Globale und Regionale Studien, GIGA Focus Nahost 12/2011.

109 U. Beck, Kinder der Freiheit, 5. Aufl. Frankfurt a.M. 1997.

110 L. Himmelreich, Der Herrenwitz, in: Stern Nr. 5/2013.

111 So der Bundespräsident J. Gauck in einem Interview (http://www.spiegel.de/politik/deutschland/sexismus-debatte-gauck-beklagt-tu-

gendfuror-im-fall-bruederle-a-886578.html; zugegriffen am 8.3.2013) und ein offener Brief an den Bundespräsidenten (http://alltagssexismus.de/gauck; zugegriffen am 8.3.2013).

112 A. Lohmann-Haislah, Stressreport Deutschland 2012. Psychische Anforderungen, Ressourcen und Befinden, Bundesanstalt für Arbeitsschutz und Arbeitsmedizin, Dortmund 2012.

113 Bundesministerium für Umwelt, Naturschutz und Reaktorsicherheit (Hg.), Umweltbewusstsein in Deutschland 2012. Ergebnisse einer repräsentativen Bevölkerungsumfrage, Berlin 2013.

114 A. Neubacher, Ökofimmel: Wie wir versuchen, die Welt zu retten – und was wir damit anrichten, 5. Aufl. Stuttgart 2012.

115 A. Brytek-Matera, Orthorexia nervosa – an eating disorder, obsessive-compulsive disorder or disturbed eating habit?, in: Archives of Psychiatry and Psychotherapy, 2012, S. 55-60.

116 ANTI-FLEISCH-WAHN. Fanatische Vegetarier ließen ihr Kind verhungern, Berliner Zeitung vom 18. November 2004.

Literatur

1. Werke von Elias

a) Im Text näher behandelte Werke (alphabetisch in Kürzeln)

EuA Etablierte und Außenseiter, Frankfurt/M. 1990 (zusammen mit J.L. Scoton).

EuD Engagement und Distanzierung. Arbeiten zur Wissenssoziologie 1, Frankfurt/M. 1983.

GdI Die Gesellschaft der Individuen, Frankfurt/M. 1987.

HG Die höfische Gesellschaft. Untersuchungen zur Soziologie des Königtums und der höfischen Aristokratie. Mit einer Einleitung: Soziologie und Geschichtswissenschaft, Neuwied/ Berlin 1969 (Neuausgabe Frankfurt/M. 1983).

NzL Notizen zum Lebenslauf, in: P. Gleichmann/J. Goudsblom/ H. Korte (Hg.), Macht und Zivilisation. Materialien zu Norbert Elias' Zivilisationstheorie 2, Frankfurt/M. 1984, S. 9-82.

PdZ Über den Prozeß der Zivilisation. Soziogenetische und psychogenetische Untersuchungen, 2 Bde. (Bd. 1: Wandlungen des Verhaltens in den weltlichen Oberschichten des Abendlandes; Bd. 2: Wandlungen der Gesellschaft. Entwurf zu einer Theorie der Zivilisation), zweite erw. Aufl., Bern 1969 (text- und seitenidentische Neuausgabe Frankfurt/M. 1976ff.).

RSG Über den Rückzug der Soziologen auf die Gegenwart, in: Kölner Zeitschrift für Soziologie und Sozialpsychologie, Bd. 35 (1983), S. 29-40.

SiZ Sport im Zivilisationsprozeß. Studien zur Figurationssoziologie, Münster 1983 (zusammen mit E. Dunning).

SüdD Studien über die Deutschen. Machtkämpfe und Habitusentwicklung im 19. und 20. Jahrhundert, Frankfurt/M. 1989.

TsP Zur Grundlegung einer Theorie sozialer Prozesse, in: Zeitschrift

für Soziologie, Bd. 6 (1977), S. 127-149.
ÜdZ Über die Zeit. Arbeiten zur Wissenssoziologie II, Frankfurt/M. 1984.
WiS Was ist Soziologie? Grundfragen der Soziologie, Bd. 1, München 1970.
WoW Wissenschaft oder Wissenschaften? Beitrag zu einer Diskussion mit wirklichkeitsblinden Philosophen, in: Zeitschrift für Soziologie, Bd. 14 (1985), S. 268-281.

b) Gesamtausgabe

Bd. 1: Frühschriften, Frankfurt/M. 2002.
Bd. 2: Die höfische Gesellschaft. Untersuchungen zur Soziologie des Königtums und der höfischen Aristokratie, Frankfurt/M. 2002.
Bd. 3: Über den Prozeß der Zivilisation. Soziogenetische und psychogenetische Untersuchungen (Band 1), Frankfurt/M. 1997. Zweiter Band: Wandlungen der Gesellschaft. Entwurf zu einer Theorie der Zivilisation, Frankfurt/M. 1997.
Bd. 4: Etablierte und Außenseiter, Frankfurt/M. 2002.
Bd. 5: Was ist Soziologie? Frankfurt/M. 2006.
Bd. 6: Über die Einsamkeit der Sterbenden in unseren Tagen / Humana conditio, Frankfurt/M. 2002.
Bd. 7: Norbert Elias und Eric Dunning, Sport und Spannung im Prozeß der Zivilisation, Frankfurt/M. 2003.
Bd. 8: Engagement und Distanzierung, Frankfurt/M. 2003.
Bd. 9: Über die Zeit, Frankfurt/M. 2004.
Bd. 10: Die Gesellschaft der Individuen, Frankfurt/M. 2001.
Bd. 11: Studien über die Deutschen, Frankfurt/M. 2005.
Bd. 12: Mozart: Zur Soziologie eines Genies, Frankfurt/M. 2005.
Bd. 13: Symboltheorie, Frankfurt/M. 2001.
Bd. 14: Aufsätze und andere Schriften I, Frankfurt/M. 2006.
Bd. 15: Aufsätze und andere Schriften II, Frankfurt/M. 2006.
Bd. 16: Aufsätze und andere Schriften III, Frankfurt/M. 2006.
Bd. 17: Autobiographisches und Interviews, Frankfurt/M. 2005.
Bd. 18: Gedichte und Sprüche, Frankfurt/M. 2004.
Bd. 19: Gesamtregister, Frankfurt/M. 2010.

2. Literatur über Norbert Elias (Auswahl)

a) Biografische Hinweise

N. Elias, Über sich selbst, Frankfurt/M. 1990.
H. Israels/M. Komen/A. de Swaan (Hg.), Over Elias: Herinnerungen en anekdotes, Amsterdam 1993.
S. Köhler, Auf den Spuren von Norbert Elias in Ghana, München 2009.
H. Korte, Über Norbert Elias. Das Werden eines Menschenwissenschaftlers, Frankfurt/M. 1988.
H. Korte, Norbert Elias in Breslau. Ein biographisches Fragment, in:, ders., Statik und Prozess. Essays, Wiesbaden 2005, S. 81-100.
H. Korte, Biographische Skizzen zu Norbert Elias, Wiesbaden 2013.
K.-S. Rehberg, Form und Prozeß. Zu den katalysatorischen Wirkungschancen einer Soziologie aus dem Exil: Norbert Elias, in: P. Gleichmann/J. Goudsblom/H. Korte (Hg.), Materialien zu Norbert Elias' Zivilisationstheorie, Frankfurt/M. 1977, S. 101-169.

b) *Sekundärliteratur und weiterführende Arbeiten*

J. Ahrens, Normativität: Über die Hintergründe sozialwissenschaftlicher Theoriebildung, Wiesbaden 2011.
T. Alkemeyer, Fußball als Figurationsgeschehen. Über performative Gemeinschaften in modernen Gesellschaften, in: G. Klein/M. Meuser (Hg.), Ernste Spiele: zur politischen Soziologie des Fußballs, Bielefeld 2008, S. 87-112.
K. Anders, Die unvermeidliche Universalgeschichte. Studien über Norbert Elias und das Teleologieproblem, Opladen 2000.
J. Arnason, Figurational Sociology as a Counter-Paradigm, in: Theory, Culture and Society Bd. 4, Nr. 2-3 (1987), S. 429-56.
– State formation in Japan and the West, in: Theory, Culture and Society Bd. 13, Nr. 3 (1996), S. 53-57.
A. Ascher, A Community under Siège. The Jews of Breslau under Nazism, Stanford/California 2007.
A.-W. Asserate, Manieren, Frankfurt/M. 2003.
A. Barzantny, Mentoring-Programme für Frauen: Maßnahmen zu Strukturveränderungen in der Wissenschaft? Eine figurationssoziologische Untersuchung zur akademischen Medizin, Wiesbaden 2008.

P. Behr, Auswirkung der Einführung der mechanischen Uhr im Mittelalter: Analysiert mit der Soziologie von Norbert Elias, München 2010.
M. Behrmann/C. Abate, Die Germanesi. Geschichte und Leben einer süditalienischen Dorfgemeinschaft und ihrer Emigranten, Frankfurt/M./New York 1984.
G. Berger, Nationalstaatsbildunng, Industrialisierung und berufliche Zivilisierung in der Republik Irland. Das Elias'sche Forschungsprogramm auf dem Prüfstand, Frankfurt/M. u.a. 1987.
S. Binkley, The planned and the unplanned: a roundtable discussion on the legacies of Michel Foucault and Norbert Elias, in: Foucault studies, Bd. 8 (2010), S. 53-77.
– Introduction to the special section (on Michel Foucault and Norbert Elias), in: Foucault studies, Bd. 8, S. 5-7 (2010).
A. Blok, Anthropologische Perspektiven. Einführung, Kritik und Plädoyer, Stuttgart 1985.
A. Bogner, Zivilisation und Rationalisierung. Die Zivilisationstheorien Max Webers, Norbert Elias' und der Frankfurter Schule im Vergleich, Opladen 1989.
V. v. Borries, Technik als Sozialbeziehung. Zur Theorie industrieller Produktion, München 1980.
F. Borschel, Figurationen und Balancen: zur Gesellschaftstheorie von Norbert Elias, Berlin 2010.
A. D. Bührmann, Care or control of the self? Norbert Elias, Michel Foucault, and the subject in the 21st century, Newcastle upon Tyne 2010.
C. Buschendorf, Civilizing and decivilizing processes: figurational approaches to American culture, Newcastle upon Tyne 2011.
F. Coulmas, Die Kultur Japans: Tradition und Moderne, München 2005.
A. Cremer, Höfische Gesellschaft und »Königsmechanismus« – zur Kritik an einem Modell absolutistischer »Einherrschaft«, in: Sozialwissenschaftliche Informationen für Unterricht und Studium, Bd. 12 (1983), Nr. 4, S. 227-231.
C. Dahlmanns, Die Geschichte des modernen Subjekts: Michel Foucault und Norbert Elias im Vergleich, Münster u.a. 2008.
A. Dellitsch, Soziologische Hintergründe für Fremdenfeindlichkeit: Ausgehend von den klassischen Theorien von Georg Simmel und Norbert Elias, München 2012.
Q. Deluermoz, Norbert Elias et le 20e siècle: le processus de civilisation à l'épreuve, Paris 2010.

Deutsche Gesellschaft für die Vereinten Nationen, Migration in einer interdependenten Welt: neue Handlungsprinzipien. Bericht der Weltkommission für Internationale Migration, dt. Ausgabe Berlin 2006.

M. Dierwald, Figuration nach Norbert Elias am Beispiel einer Abschlussklasse einer Realschule, München 2012.

H. P. Duerr, Nacktheit und Scham. Der Mythos vom Zivilisationsprozeß, Bd. 1, Frankfurt/M. 1988.

– Intimität. Der Mythos vom Zivilisationsprozeß, Bd. 2, Frankfurt/M. 1990.

– Obszönität und Gewalt. Der Mythos vom Zivilisationsprozeß, Bd. 3, Frankfurt/M. 1990.

– Der erotische Leib. Der Mythos vom Zivilisationsprozeß, Bd. 4, Frankfurt/M. 1999.

– Die Tatsachen des Lebens. Der Mythos vom Zivilisationsprozeß, Bd. 5,. Frankfurt/M. 2002.

E. Dunning/P. Murphy/I. Waddington (eds.): Fighting Fans: Football Hooliganism as a World Phenomenon, Dublin 2000.

E. Dunning/K. Sheard, Barbarians, gentlemen and players: A Sociological Study of the Development of Rugby Football, 2nd ed. London 2005.

V. Eichener, Ausländer im Wohnbereich. Theoretische Modelle, empirische Analysen und politisch-praktische Maßnahmenvorschläge zur Eingliederung einer gesellschaftlichen Außenseitergruppe, Kölner Schriften zur Sozial- und Wirtschaftspolitik, Bd. 8, Regensburg 1988.

– Ratio, Kognition und Emotion. Der Modus menschlichen Handelns als abhängige Variable des Gesellschaftsprozesses, in: Zeitschrift für Soziologie, Bd. 18 (1989), S. 346-361.

– Elias, Norbert, in: F. Volpi (Hg.), Großes Werklexikon der Philosophie, Stuttgart 1999/2004.

– Elias, Norbert, in: Th. Bedorf/A. Gelhard (Hrsg.), Deutsche Philosophie im 20. Jahrhundert, Darmstadt 2012.

H. Esser, Figurationssoziologie und Methodologischer Individualismus: Zur Methodologie des Ansatzes von Norbert Elias, in: Kölner Zeitschrift für Soziologie und Sozialpsychologie, Bd. 36 (1984), S. 667-702.

M. Featherstone, Norbert Elias and Figurational Sociology. Some Prefatory Remarks, in: Theory, Culture & Society Bd. 4, Nr. 2/3 (1987), S. 197-212.

A. Fiedler-Boldt, Die Entstehung des Panzers gegen die Frau: Das Verhältnis der Geschlechter im ›Prozess der Zivilisation‹ (Norbert Elias) und in den ›Männerphantasien‹ (Klaus Theweleit), München 2009.

H. Flap/Y. Kuiper, Figurationssoziologie als Forschungsprogramm, in: Kölner Zeitschrift für Soziologie und Sozialpsychologie, Bd. 33 (1981), S. 257-272.

M. Fließer, Warum besteht Schichtungleichheit? Eine theoretische Analyse anhand der Theorien von Kingsley Davis und Wilbert E. Moore, Ralf Dahrendorf, Gerhard Lenski und Norbert Elias, Saarbrücken 2010.

A. Franke, Civilizing and decivilizing processes: figurational approaches to American culture, Newcastle 2011.

H. Friebe/S. Lobo, Wir nennen es Arbeit. Die digitale Bohème oder: Intelligentes Leben jenseits der Festanstellung, München 2006.

H.-J. Fritz, Menschen in Büroarbeitsräumen. Über langfristige Strukturwandlungen büroräumlicher Arbeitsbedingungen mit einem Vergleich von Klein- und Großraumbüros, München 1982.

N. Gabriel, Norbert Elias and figurational research: processual thinking in sociology, Malden, Mass. u.a. 2011.

S. Gaschke, Wenn kein Tabu mehr gilt. Die Untat von Amstetten verstört alle. An den normalen Horror haben wir uns längst gewöhnt. In: Die Zeit Nr. 20 vom 8.5.2008, S. 1.

K. A. Geißler, Alles Espresso. Kleine Helden der Alltagsbeschleunigung, Stuttgart 2007.

M. Gemende, Interkulturelle Zwischenwelten, Bewältigungsmuster des Migrationsprozesses bei MigrantInnen in den neuen Bundesländern, Weinheim, München 2002.

P. Gleichmann, Soziologie als Synthese. Zivilisationstheoretische Schriften über Architektur, Wissen und Gewalt, hrsg. u. bearb. v. Hans-Peter Waldhoff, Wiesbaden 2006.

P. Gleichmann/J. Goudsblom/H. Korte (Hg.), Human Figurations. Essays for/Aufsätze für Norbert Elias, Amsterdam 1977.

P. Gleichmann/J. Goudsblom/H. Korte (Hg.), Macht und Zivilisation. Materialien zu Norbert Elias' Zivilisationstheorie 2, Frankfurt/M. 1984.

P. Gleichmann/J. Goudsblom/H. Korte (Hg.), Materialien zu Norbert Elias' Zivilisationstheorie, Frankfurt/M. 1977.

J. Goudsblom, Soziologie auf der Waagschale, Frankfurt/M. 1979.

F. F. Günther, Zur Genealogie des Zivilisationsprozesses: Friedrich Nietzsche und Norbert Elias, Berlin u.a. 2010.

J. Hargreaves, Norbert Elias: le sexes, le genre et le corps dans le processus de civilization, in, Sous les sciences sociales, le genre (2010), S. 390-406.

S. Hellgardt, Zehn Zimmer: die bürgerliche Stadtwohnung des 19. Jahrhunderts, eine Analyse nach Norbert Elias, Köln 2011.

U. Herrmann, Probleme und Aspekte historischer Ansätze in der Sozialisationsforschung, in: K. Hurrelmann/D. Ulich (Hg.), Handbuch der Sozialisationsforschung, Weinheim 1980, S. 227-252.

A. Hille/D. Schäfer/B. Stachuletz, Ist pupsen peinlich? Das kinderleichte Benimm-Buch. Freiburg/Breisgau 2006.

M. Hinz, Der Zivilisationsprozess: Mythos oder Realität? Wissenschaftssoziologische Untersuchungen zur Elias-Duerr-Kontroverse, Opladen 2002.

A. Honneth/H. Joas, Soziales Handeln und menschliche Natur. Anthropologische Grundlagen der Sozialwissenschaften, Frankfurt/M./ New York 1980.

M. Huppertz, Städteentwicklung im Staatsbildungsprozeß. Analysen zur Genese städtischer und staatlich-gesellschaftlicher Figurationen am deutschen Beispiel, Frankfurt/M. u.a. 1986.

A. van Iterson, Norbert Elias's impact on organization studies, in: The Oxford handbook of sociology and organization studies (2009), S. 327-348.

T. Jacobsen, Die Folgen der Individualisierung: Georg Simmel und Norbert Elias im Vergleich, München 2011.

B. Jaeck, Raumstruktur bei Norbert Elias, München 2008.

T. Jäger, Frankreich – eine Privilegiengesellschaft, Wiesbaden 2003.

A. Juhasz/E. Mey, Die zweite Generation: Etablierte oder Außenseiter? Biographien von Jugendlichen ausländischer Herkunft, Wiesbaden 2003.

M. Junge/T. Kron (Hg.), Zygmunt Bauman. Soziologie zwischen Postmoderne und Ethik, Opladen 2000.

M. Kaldor, Neue und alte Kriege. Organisierte Gewalt im Zeitalter der Globalisierung, Frankfurt/M. 2007.

U. Kanacher, Wohnstrukturen als Anzeiger gesellschaftlicher Strukturen. Eine Untersuchung zum Wandel der Wohnungsgrundrisse als Ausdruck gesellschaftlichen Wandels von 1850 bis 1975 aus der Sicht der Elias'schen Zivilisationstheorie, Frankfurt/M. 1987.

R. Kilminster, Evaluating Elias, in: Theory, Culture and Society, Bd. 8, Nr. 12, 1991, S. 165-176.
R. Kilminster/C. Wouters, From Philosophy to Sociology, in: Theory, Culture and Society, Bd. 12, Nr. 3, 1995, S. 81-120.
G. Klein/K. Liebsch, Egalisierung und Individualisierung. Zur Dynamik der Geschlechterbalancen bei Norbert Elias, in: G.-A. Knapp/A. Wetterer (Hg.), Soziale Verortung der Geschlechter. Gesellschaftstheorie und feministische Kritik, Münster 2001, S. 225-255.
H. Kleinhans, Soziologische Erklärungen zum Verhalten von Arbeitsmigranten, Diss. Bochum 1980.
F. Kor, Integrationsschlüssel Spracherwerb: Etablierte und Außenseiter Figuration v. Norbert Elias, München 2010.
G. Korff, »Inkarnat der Seele«? Zehn Anmerkungen zur Materialität der Medialität in Norbert Elias' Zivilisationstheorie, in: B. Stollberg-Rilinger/T. Weißbrich (Hg.), Die Bildlichkeit symbolischer Akte, Münster 2010, S. 37-53.
H. Korte, Eine Gesellschaft im Aufbruch. Die Bundesrepublik in den 60er Jahren, Frankfurt/M. 1987.
– (Hg.), Gesellschaftliche Prozesse und individuelle Praxis. Bochumer Vorlesungen zu Norbert Elias' Zivilisationstheorie, Frankfurt/M. 1990.
– Geschichte der Soziologie, 8. überarb. Aufl. Wiesbaden 2006.
R. van Krieken, Violence, Self-Discipline and Morality: Beyond the Civilizing Process, Sociological Review, Bd. 37, Nr. 2, 1989, S. 193-218.
– The Organization of the Soul: Elias and Foucault on Discipline and the Self, in: Archives Européennes de Sociologie, Bd. 31, Nr. 2, 1990, S. 353-371.
– Norbert Elias, New York 1998.
H.-V. Krumrey, Entwicklungsstrukturen von Verhaltensstandarden. Eine soziologische Prozeßanalyse auf der Grundlage deutscher Anstands- und Manierenbücher von 1870 bis 1970, Frankfurt/M. 1984.
I. Kuckelberg, Was ist Kultur? Eine Annäherung an den Kulturbegriff unter Bezugnahme auf die Theorien von Clifford Geertz und Norbert Elias, München 2010.
J.-P. Kunze, Das Geschlechterverhältnis als Machtprozess. Die Machtbalance der Geschlechter in Westdeutschland seit 1945, Wiesbaden 2005.

H. Kuzmics/R. Axtmann, Autorität, Staat und Nationalcharkater. Der Zivilisationsprozeß in Österreich und England 1700-1900, Opladen 2000.

H. Kuzmics, Der Preis der Zivilisation. Die Zwänge der Moderne im theoretischen Vergleich, Frankfurt/M.-New York 1989.

H. Kuzmics, Soziologie als Erzählung. Die Sprache der Soziologie an ›klassischen‹ Beispielen, in: R. Esterbauer/E. Pernkopf,/H.-W. Rukkenbauer (Hg.), WortWechsel. Sprachprobleme in den Wissenschaften interdisziplinär auf den Begriff gebracht, Würzburg 2007.

F. Lartillot, Norbert Elias: »Etudes sur les allemands«: lectures d'une oeuvre, Paris 2009.

S. Loyal/S. Quilley (Hg.), The Sociology of Norbert Elias, Cambridge 2004.

U. van Loyen, Strände der Vernunft: Norbert Elias im inneren Afrika, Berlin 2012.

T. Meleghy/H.-J. Niedenzu, Prozeß- und Figurationstheorie, Norbert Elias, in: J. Morel u.a. (Hg.), Soziologische Theorie: Abriß der Ansätze ihrer Hauptvertreter, 7. bearb. u. erw. Aufl. München 2001, S. 190-217.

S. Mennell, Norbert Elias: Civilization and the Human Self-Image, Oxford, New York 1989 (Neuauflage unter dem Titel: Norbert Elias: An Introduction, Oxford 1992).

M. Mochtarova, Verschiebung der Machtbalancen und die indonesische Haltung zum Westen: das Beispiel der Literaturzeitschrift »Horison« als Spiegelbild der Gesellschaft (1966-1996), ein Beitrag zum europäisch-islamischen Dialog und zur Etablierten- und Außenseitertheorie von Norbert Elias, Rangendingen (Hechingen) 2011.

T. Molsberger, Der Königsmechanismus: Eine soziologische Analyse zum Funktionieren des Absolutismus nach Norbert Elias, München 2011.

M. Mücke, Norbert Elias's Texts ›Further aspects of established-outsider relations: the Maycomb model‹ and ›Synopsis: Towards a Theory of Civilizing Processes‹ as Contributions to the Debate on American Exceptionalism, München 2011.

H. Münkler, Die ›neuen‹ Kriege, Hamburg 2002.

S. Neckel/A. Mijic/C. von Scheve/M. Titton (Hg.), Sternstunden der Soziologie: Wegweisende Theoriemodelle des soziologischen Denkens, Frankfurt/M. 2010.

M. Niessen/H. Seiler, Methodologische Konzeptionen in Forschungen zur Sozialgeschichte von Kindheit und Familien, in: Zeitschrift für Pädagogik, Bd. 26 (1980), S. 73-92.
B. H. E. Niestroj, Norbert Elias: A Milestone in Historical Psychology: The Making of the Social Person, in: Journal of Historical Sociology, Bd. 2, Nr. 2, 1989, S. 136-160
G. W. Oesterdieckhoff, Zivilisation und Strukturgenese. Norbert Elias und Piaget im Vergleich, Frankfurt/M. 2000.
C. Opitz (Hg.), Höfische Gesellschaft und Zivilisationsprozeß. Norbert Elias' Werk in kulturwissenschaftlicher Perspektive, Köln u.a. 2000.
A. T. Paul, Die Gewalt der Scham. Elias, Duerr und das Problem der Historizität menschlicher Gefühle, in: Mittelweg 26. Zeitschrift des Hamburger Instituts für Sozialforschung, Jg. 16, H. 2, S. 77-99 (2007).
M. Quent, Genesis of modern genocide: Norbert Elias' civilizing process theory, München 2009.
K. Reich, Systemisch-konstruktivistische Pädagogik. Einführung in Grundlagen einer interaktionistisch-konstruktivistischen Pädagogik, 5., völlig überarb. Aufl., Weinheim/Basel 2005.
D. Reicher, Staat, Schafott und Schuldgefühl. Was Staatsaufbau und Todesstrafe miteinander zu tun haben, Opladen 2003.
R. Richter, Gesellschaft ohne Ort und Zeit, in: ders., Die Lebensstilgesellschaft, Wiesbaden 2005, S. 65-75.
L. Rosemann, Die Zeit als Paradigma der Wissenssoziologie von Norbert Elias, Münster u.a. 2003.
G. Roth, Fühlen, Denken, Handeln: wie das Gehirn unser Verhalten steuert, Frankfurt/M. 2003.
S. Russel, Jewish Identity and Civilizing Process, Basingstoke 1997.
P. Rüttgers, Etablierte und Außenseiter: zum Verhältnis von Einheimischen und MigrantInnen im Kontext der Soziologie von Norbert Elias, in: Neue Praxis, Bd. 42 (2012), 2, S.129-141.
Th. Salumets (Hg.), Norbert Elias and Human Interdependencies, Montreal 2001.
S.F. Sampson, The Formation of European National States, the Elaboration of Functional Interdependence Networks, and the Genesis of Modern Self Control, in: Contemporary Sociology, Bd. 13 (1984), Nr. 1, S. 22-27.
Th. Scheff, Bloody Revenge: Emotions, Nationalism and War, Boulder 1994.

R. Schnell (Hg.), Zivilisationsprozesse. Zu Erziehungsschriften in der Vormoderne, Köln u.a. 2004.

H. Schnieder, Inwiefern lässt sich die Figuration jugendlicher Ausländer in der Mehrheitsgesellschaft der Bundesrepublik Deutschland auf die Etablierte-Außenseiter-Figuration nach Norbert Elias übertragen?, München 2012.

M. Schroer, Das Individuum der Gesellschaft. Synchrone und diachrone Theorieperspektiven, Frankfurt/M. 2001.

M. Schröter, Scham im Zivilisationsprozeß. Zur Diskussion mit Hans Peter Duerr, in: H. Korte (Hg.), Gesellschaftliche Prozesse und individuelle Praxis. Bochumer Vorlesungen zur Zivilisationstheorie, Frankfurt/M. 1990, S. 34-76.

– »Wo zwei zusammen kommen in rechter Ehe ...«. Soziogenetische und psychogenetische Studien über Eheschließungsvorgänge vom 12. bis 15. Jahrhundert, Frankfurt/M. 1985.

A. Sica, Sociogensis versus Psychogenesis: The Unique Sociology of Norbert Elias, in: Mid-American Review of Sociology Bd. 9, Nr 1, 1984, S. 49-78.

D. Smith, Norbert Elias – Established or Outsider? In: Sociological Review, Bd. 32, Nr. 2, 1984, S. 367-389.

– Norbert Elias and Modem Social Theory, London 2001.

V.-M. Stefanski, Zum Prozeß der Emanzipation und Integration von Außenseitern: Polnische Arbeitsmigranten im Ruhrgebiet, Dortmund 1984.

B.v. Stolk/C. Wouters, Frauen im Zwiespalt. Beziehungsprobleme im Wohlfahrtsstaat, Frankfurt/M. 1987.

A. Treibel, Die Soziologie von Norbert Elias. Eine Einführung in ihre Geschichte, Systematik und Perspektiven, Wiesbaden 2008.

A. Treibel, Engagement und Distanzierung in der westdeutschen Ausländerforschung. Eine Untersuchung ihrer soziologischen Beiträge, Stuttgart 1988.

A. Treibel, Medienkompetenzen an der Hauptschule. Zur Relevanz von Migration, Gender und Individualisierung bei russlanddeutschen und türkischstämmigen Jugendlichen, in: dies./M. S. Maier/S. Kommer/M. Welzel (Hg.), Gender medienkompetent. Medienbildung in einer heterogenen Gesellschaft, Wiesbaden 2006, S. 209-233.

– Migration in modernen Gesellschaften. Soziale Folgen von Einwanderung, Flucht und Gastarbeit, Weinheim/München 2008 (2., vollständig überarb. Aufl. 1999).

A. Treibel/R. Blomert/H. Kuzmics, Zivilisationstheorie in der Bilanz: Beiträge zum 100. Geburtstag von Norbert Elias, Opladen 2000.
W. Voßkamp, Wunschtraum und Albtraum: Zur Utopieforschung von Norbert Elias, in: Leviathan, Bd. 37 (2009), 3, S. 477-489.
A. Wehowsky, Uns beweglicher machen als wir sind – Überlegungen zu Norbert Elias, in: Ästhetik und Kommunikation, Bd. 30 (1977), S. 8-18.
V. Weiler, Norbert Elias y el problema del desarrollo humano, Bogotá 2011.
A. Weiß, Die Zivilisierung des Abendlandes: Norbert Elias' Theorie und ihre Rezeption, München 2011.
N. Wilterdink, Die Zivilisationstheorie im Kreuzfeuer der Diskussion, in: P. Gleichmann/J. Goudsblom/H. Korte (Hg.), Macht und Zivilisation. Materialien zu Norbert Elias' Zivilisationstheorie 2, Frankfurt/M. 1984, S. 280-304.
C. Wouters, Sex and Manners: Female Emancipation in the West, 1890-2000, London 2004.
– Informalization. Manners & Emotions since 1890, London 2007.

3. Zeitschriften

Figurations. Newsletter of the Norbert Elias Foundation (hrsg. von Stephen Mennell und Katie Liston); Bezug über Norbert Elias Foundation, J.J. Viottastraat 13, 1071 JM Amsterdam, Niederlande; E-mail: elias@planet.nl.
Human Figurations: Long-term Perspectives on the Human Condition (hrsg. von Katie Liston et al.); ISSN: 2166-6644, E-mail: humanfigurations@me.com.

Zeittafel

1897	Norbert Elias wird am 22. Juni 1897 als einziges Kind wohlhabender deutsch-jüdischer Eltern in Breslau geboren.
1907-15	Besuch des humanistischen Johannes-Gymnasiums in Breslau.
1914	Am 6. August beginnt der Erste Weltkrieg.
1915	Nach dem Abitur Einberufung zum Militärdienst bei einer Funkereinheit. Einsatz an der Westfront bei Peronne (Somme).
1918	Immatrikulation für die Fächer Medizin und Philosophie an der Breslauer Universität. Im ersten klinischen Semester gibt Elias das Medizinstudium auf, um sich auf das Studium der Philosophie bei dem Neukantianer Richard Hönigswald zu konzentrieren. Zuvor hatte er je ein Semester in Heidelberg und Freiburg verbracht.
1924	Im Januar promoviert Elias mit der Dissertation *Idee und Individuum. Eine kritische Untersuchung zum Begriff der Geschichte* zum Doktor der Philosophie. Wegen Elias' Zweifeln am Kantischen Apriori war es bei der Fertigstellung der Dissertation zum Zerwürfnis mit Hönigswald gekommen. Tätigkeit als Exportleiter einer Breslauer Eisenwarenfabrik.
1925-30	Habilitand bei Alfred Weber in Heidelberg.
1930-33	Assistent bei Karl Mannheim in Frankfurt am Main.
1933	Zu Beginn des Jahres reicht Elias seine Habilitationsschrift *Der höfische Mensch. Ein Beitrag zur Soziologie des Hofes, der höfischen Gesellschaft und des absoluten Königtums* an der Universität Frankfurt ein. Das Habilitationsverfahren kommt zu keinem Abschluss mehr, weil die Nationalsozialisten Elias aufgrund seiner jüdischen Herkunft die Antrittsvorlesung verweigern. Emigration nach Paris.
1935	Emigration nach London. Beginn der Recherchen für *Über den Prozeß derZivilisation.*

1938	Letzte Begegnung mit den Eltern Hermann und Sophie Elias in London. Hermann Elias verstirbt 1940 in Breslau; Sophie ist vermutlich 1941 in Auschwitz ums Leben gekommen.
1939	*Über den Prozeß der Zivilisation* erscheint in dem kleinen Verlag des Schweizer Verlegers Fritz Karger. Nur wenige Exemplare werden verkauft. Senior Research Fellowship an der London School of Economics.
1940	Achtmonatige Internierung als »enemy alien« auf der Isle of Man.
1945-54	Tätigkeit in der Erwachsenenbildung im Rahmen des »Adult Education Centre«. Gelegentliche Gastvorträge an der London School of Economics und am Bedford College in London. Zusammen mit dem Psychoanalytiker S.H. Fuchs (später: Foulkes) Begründer der »Group Analytic Society«; Ausbildung zum Gruppenanalytiker.
1954	Dozent für Soziologie an der Universität Leicester.
1962-64	Befristete Professur für Soziologie an der Universität von Ghana bei Akkra.
1965	*The Established and the Outsiders* (dt. 1990).
1969	Neuauflage von Elias' zum Teil überarbeiteten Hauptwerken *Über den Prozeß der Zivilisation* und *Die höfische Gesellschaft.*
1969-71	Gastvorlesungen in den Niederlanden (Amsterdam, Den Haag). In der Folge hält Elias auch an deutschen Universitäten (vor allem Konstanz, Aachen, Bochum und Bielefeld) Gastvorlesungen.
1970	*Was ist Soziologie?*
1975	Wohnung in Amsterdam.
1976	Mit dem Erfolg der Taschenbuchausgabe von *Über den Prozeß der Zivilisation* wird Elias einem breiten Publikum bekannt.
1977	Theodor-W.-Adorno-Preis der Stadt Frankfurt. Zu Elias' achtzigstem Geburtstag erscheint die Festschrift *Human Figurations.*
1979-84	Tätigkeit am Zentrum für Interdisziplinäre Forschung der Universität Bielefeld.
1983	*Engagement und Distanzierung.*

1984	*Über die Zeit.* Endgültige Niederlassung in Amsterdam.
1985	*Humana Conditio.*
1987	*Die Gesellschaft der Individuen* (entstanden 1938/39).
1989	*Studien über die Deutschen.*
1990	Am 1. August stirbt Norbert Elias in Amsterdam.

Ralf Baumgart, geb. 1960, Diplom-Sozialwissenschaftler (Ruhr-Universität Bochum), hat Norbert Elias zur Zeit seines Gastaufenthalts an der Fakultät für Sozialwissenschaft der Ruhr-Universität Bochum als studentischer Mitarbeiter unterstützt.

Volker Eichener, geb. 1959, Diplom, Promotion und Habilitation an der Fakultät für Sozialwissenschaft der Ruhr-Universität Bochum, ist seit 1999 Professor für Politikwissenschaft an der Fachhochschule Düsseldorf und seit 2008 Rektor der EBZ Business School – University of Applied Sciences in Bochum.

Dieses Buch stellt ein Gemeinschaftswerk dar. Volker Eichener hat federführend die Kapitel 1.1, 1.2, 3, 4, 5, 6.2 und 8 bearbeitet, Ralf Baumgart die Kapitel 1.3, 1.4, 2, 6.1 und 7. Die dritte Auflage wurde von Volker Eichener besorgt; Sonja Meldau-Stagge M.A. hat das Literaturverzeichnis aktualisiert.